脂肪が燃える
「体幹」トレーニング

谷本道哉／石井直方 著

マイナビ

無理なく「一生の」習慣にする方法のご提案
そして、見た目だけでなく
健康で快適な体を手に入れるために

プロローグ

期間限定のダイエットは、効果も期間限定

出っ張ったお腹をなんとかしたい……

「丸々と太ってしまったこの体、とくに出っ張ったお腹をなんとかしたい」「若い頃の体型を取り戻したい」。こうした思いは、多くの男性が抱く切なる願いではないでしょうか。

本書を手に取られたのも、そうした理由からだと思います。このような本を手に取るのも今回がはじめてではないかもしれませんね。

ビリーズブートキャンプ、コアリズムといったエクササイズ、朝バナナダイエット、低インスリンダイエットなどの食事制限など、いろいろなダイエット法がこれまで

ブームになりました。実際に試されたことのある方も多いと思います。

しかし、肥満体型の男性がなかなか減らないのはなぜでしょう。流行のダイエット法の中には眉唾なものもありますが、実際に効果のある優れた方法もたくさんあったはずです。ではなぜそれが実を結ぶことにならないのか？ その問題は「それをずっと続けられるか」という点にあるのではないでしょうか。

スロトレは手軽で効果的な運動だが

筋生理学を専門とする私たちも、健康的に脂肪を落とす方法として、体に「しっかりと筋肉をつける」ことに着目しました。そして、その方法の1つとして「スロトレ」という運動を提唱してきました。

スロトレは軽めの負荷でもしっかりと筋肉がつき、しかも手軽に行える筋力トレーニング法です。スロトレの効果は大きく、高い負荷をかけた高強度の筋トレと同程度の筋肥大・筋力増強の効果があります。また、成長ホルモンの分泌、基礎代謝の増加が同程度に起こることも実験で確認しています。

また、スロトレは筋トレの一種ですから、筋肉の回復時間を取る必要があり、週2~3回やるだけでしっかり効果が得られます。この「毎日は行わなくてよい」という点が、ブームの一翼を担《にな》った一要因ではないかと思います。

手軽にできて効果があり、しかも週2~3回でよいということから、スロトレを行う習慣がずっと続いているという人はたくさんいます。一方で、「やってみると、結構つらい」「飽きてしまった」といった理由でドロップアウトした人もたくさんいるようです。

スロトレは道具なども使わずに、かんたんに行える運動ですが、決して「ラクな運動」というわけではありません。しっかりと筋肉を追い込みますから、相応の頑張りが求められます。また、動きも単調でつまらないと感じるかもしれません。

スロトレは手軽で効果的な方法ですが、当然ながら続かないことには効果は発揮できません。

やめれば元どおり、ともすれば前よりひどいリバウンド

当たり前のことですが、期間限定で行うダイエットはその効果も期間限定です。これはスロトレに限らず、どのダイエット法にも当てはまることです。継続してきた習慣をやめてしまえば、完全にとは言わないまでも、また元に戻ってしまいます。

食事制限をするダイエット法をやめた後などは、元に戻るどころか、リバウンドでさらに前よりも太ってしまう、お腹が出てしまうということにもなりかねません。

スロトレに限らず、ビリーズブートキャンプにしてもコアリズムにしても、ずっと続けられるならよいのですが、現実にはそのような人が多数派とは言えないようです。厚生労働省の調査では、20～50代で運動習慣のある人は全体の20％程度に過ぎないことがわかっています。続けられてこそのダイエットのはずなのに、これでは問題です。

そもそも体が運動できる状態にない？

ビリーズブートキャンプでは「あまりにもきつすぎて、すぐリタイアしてしまった」という敗北宣言を、コアリズムでは「腰を痛めてできなくなってしまった」といった悔しい感想をよく聞きました。健康・ダイエットのために運動をしようとはするのですが、どうやら体がついていかないようです。

そもそも、そういう人たちの体は運動できる状態にあったのでしょうか。

実は、スロトレの中でも動きがゆっくりで、比較的かんたんにできそうなメニューでさえ、「体が硬くてうまくできない」という人がいました。いくら運動がしたくても、運動が続かないのは、体がいうことを聞いてくれないからという理由もあります。

ちょっと動いただけで、ここが痛い、あそこが痛い、きつくてついていけないというようでは、トレーニングどころではありません。どうやら運動以前のところに問題がある場合も多いようです。

無理なく続けられること、
快適に動ける体を手に入れること

そこで、本書では

1・無理なく続けられること
2・まずは快適に動ける体の状態をつくること

の2つの視点から、一生ものの「お腹の凹《へこ》んだ体型」を手に入れる方法について考えていこうと思います。

お腹の凹んだ引き締まった体型になりたいのは、頑張ってダイエットしたときだけではないはずです。この想いが期間限定でない以上、必要なのは、すぐに劇的な効果は得られなくても、習慣として一生続けられる方法です。それが一生ものの「お腹の凹んだ体型」を手に入れる確実な方法になるのです。

また、無理なく続けるためには「かんたんであること」がまず必要条件となりますが、それ以上にしっかりと「効果」がなくてはいけません。続けることはできても、それで何も変わらないのでは意味がありませんから。

キーワードは「体幹・コア」

本書では一生ものの「お腹の凹んだ体型」を手に入れるための手段として、体の中心軸となる「体幹」に着目しました。

体幹は手足の土台となる体の中心部であることから、「芯」「核」を意味する英語の「コア：core」と呼ばれることがあります。スポーツやエクササイズの世界では、この体幹の重要性は広く知れわたっていますから、すでに聞いたことがあるかもしれません。

本書では、体幹のコンディションをよくする1分程度のかんたんな体操をいくつか紹介します（詳しくは第2章、第3章をご覧ください）。これを続けることで、背筋が伸びたよい姿勢となり、体の中心部からスムーズに稼働する「快適に動ける体」をつくっていきます。これだけでも、肩こりや腰痛改善につながるでしょう。

快適に動ける体になれば、日常においての活動量も自然と増えていきます。体調もよくなって、健康な毎日を過ごせるようになるでしょう。

また、体幹をしっかり動かし、支えるようになることは、お腹やせにつながると考えられます。よく動く部位、よく使う筋肉の周辺の脂肪は分解されやすいことがわかっているからです（ただし、全身の痩身《そうしん》を前提とした上での部分やせについてです）。

1分ほどでできるかんたんな体操ですから、毎朝出かける前に、お風呂の前にという具合に、日々の習慣にできればしめたものです。

体幹のコンディションづくりは
運動習慣への入り口

体幹のコンディションを整えて快適に動ける体をつくり、日常からキビキビと動けるようになることは、それだけでもお腹やせを中心とした〝やせ体質〟に向けての変化を表しています。

さらに、快適に動ける体を手に入れることで、これまで続かなかった運動にしっかり取り組めるようになるでしょう。よく動ける体になれば、運動へのモチベーションもずいぶんと変わってくると思います。体型の変化、体調の変化も、そのモチベーションを後押ししてくれるはずです。

運動をはじめる場合も、それを無理なく一生続けられる習慣にすることが何よりも大事です。ですから無理強いはしません。本書では体幹のコンディショニング法だけでなく、かんたんにできる運動の方法を紹介します。

物足りない人は本書で紹介するかんたんな運動だけでなく、もっと頑張ってほかのことにも挑戦していただいてかまいません。ただし、くれぐれも無理しすぎないようにしてください。なんといっても、これから一生続くことなのですから。

魔法のダイエットは存在しない

巷《ちまた》には「1週間で5kg減」といった魔法のような効果をうたったダイエット法が氾《はん》濫《らん》しています。薄々は非現実的と気づいていながらも、そのうたい文句に負けてしまう人は多いようです。

「ラクして早くやせたい」という気持ちもわからなくはないのですが、現実には「かんたんにやせる魔法」などありません。このことははっきりと覚えておいていただきたいと思います。ですから、本書に魔法の効果は期待しないでください。本当に魔法があるなら、やせるために苦労している人はいないはずです。

1kgの脂肪組織というのは、およそ7500キロカロリーのエネルギーを持ちます。対して、1日に必要な摂取カロリーは2000キロカロリー程度です。ということは、仮に1週間絶食するという「きわめて壮絶」なダイエットをして、それが全部脂肪の減少につながったとしても、せいぜい2kg程度の減量にしかなりません。もし「1週間で5kg以上やせた」などという話があるとしたら、その実態は減った体重の大半が脂肪ではなく、水分や筋肉に代表される除脂肪組織と考えられます。

また、劇的な成果を上げているダイエット法の広告には必ず「同時に適切な食事管理も行いました（相当の食事制限でしょう）」、「結果には個人差があります」と小さく表記されています。

ラクして体重が減るという、魔法のダイエットはあり得ないのです。

本書の構成

第1章 ── 男がメタボ化する本当のワケ

日本人男性の肥満者が年々増加しています。なぜ、こんなにも太鼓腹の太った男性が増えてしまったのかを考えます。

第2章 ── お腹凹ませのキーワード

無理なく体重を落としてお腹を凹ませるための、「かんたん体幹・コア体操」のご提案です。体幹のコンディションを整えて快適な状態をつくり、お腹の凹んだ体型へとつなげていきます。

第3章 ── 実践編「かんたん体幹・コア体操」

第2章の実践編です。1分程度でできる「かんたん体幹・コア体操」を3種類紹介します。

第4章 ── 体を活発に動かす習慣づくり

体幹から動ける快適な状態をつくったら、普段から活動的に体を動かすことを心がけます。日常生活も立派な運動になるのです。

第5章 ── 習慣にしたい食事のルール

お腹を凹ませるにはもちろん食事も重要なポイント。食事制限ではなく、習慣にできる範囲での、最低限の食事のルールを設けます。

第6章 ── かんたん筋トレ＋有酸素運動

体幹から動く快適な体で活動的な生活ができるようになったら、さらに運動を習慣化することを目指します。無理なく続けられるかんたんな筋トレ、有酸素運動の方法を紹介します。

第7章 ── オフィスで行いたい体ほぐし

仕事で疲れたときや気分転換のときなどに、オフィスでかんたんにできるリフレッシュメニューを紹介します。

脂肪が燃える「体幹」トレーニング　目次

第1章　男がメタボ化する本当のワケ

第2章　お腹凹ませのキーワード

第3章　実践編「かんたん体幹・コア体操」

第4章　体を活発に動かす習慣づくり

第5章　習慣にしたい食事のルール

第6章　かんたん　ながらスロトレ＆無理のない有酸素運動

第7章　オフィスで行いたい体ほぐし

【コラム】

実践！ 凹トレーニング

第1章

男がメタボ化する本当のワケ

30年間で10kg近くも太った日本人男性

1980年代にヒットしたテレビドラマ『池中玄太80キロ』を覚えていますか？主演の西田敏行さんが歌った主題歌「もしもピアノが弾けたなら」はいまでもカラオケの定番曲になっていますね。このドラマのタイトルにある80kgは当時の西田さんの体重からとったようですが、これは「とても太っていて大きい人」を意味していました。

あれから30年。いまあらためてこの80kgという数字を耳にすると、その意味合いが変わっているのに気づきます。最近は太っている人といえば軽く見ても90kg以上の人を指すようになっています。芸能界のいわゆる「おデブキャラ」と言われる人たちもみな軒並み100kgを超えています。**「80kgくらいだと、ちょっと太めかな」くらいにしか思えなくなっているのです。**

実際に数字を調べてみても、厚生労働省の「国民健康・栄養調査」によれば、日本

肥満率の推移

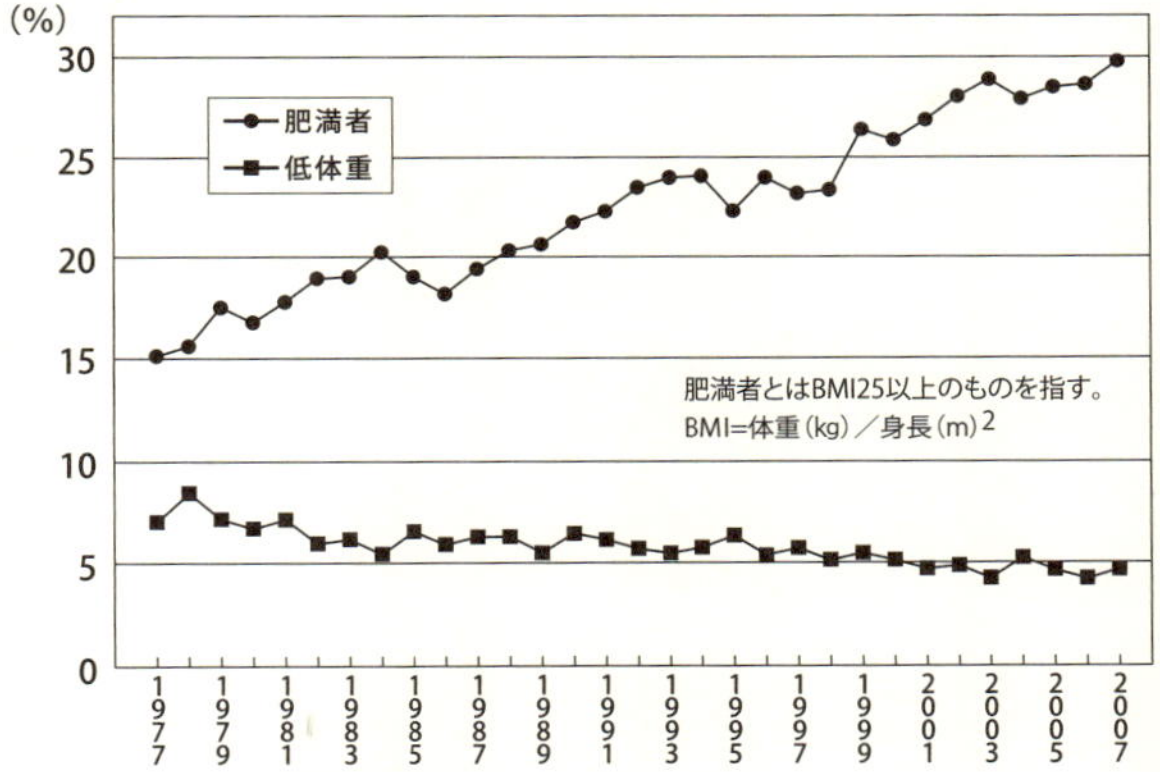

(国民健康・栄養調査より)

日本人の平均体重の推移(30代男性)

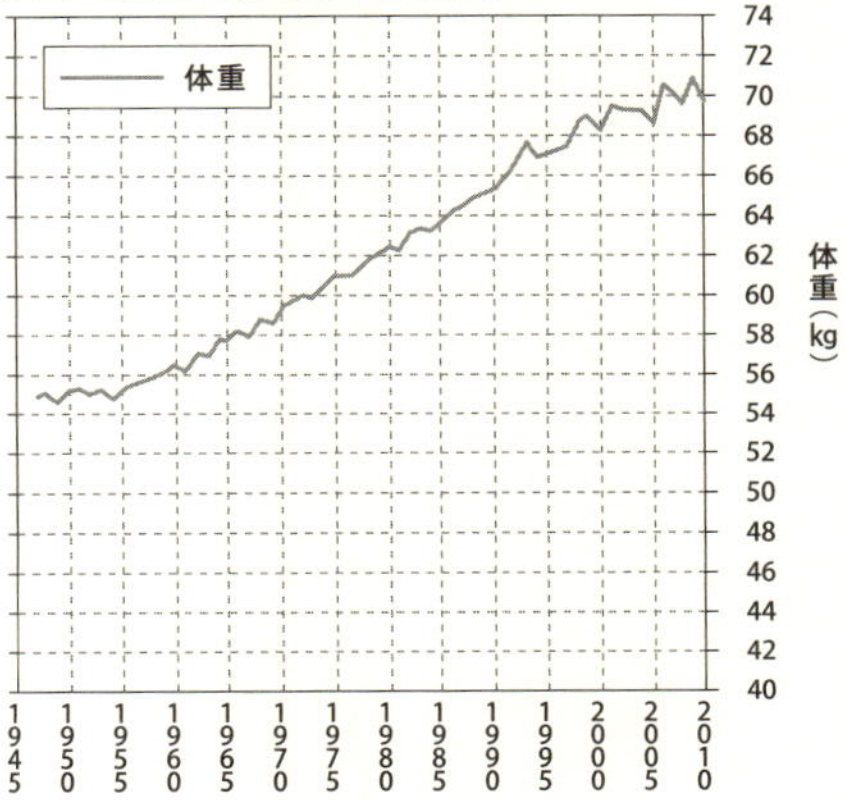

(国民健康・栄養調査より)

人の平均体重は増加傾向が続いています。成人男性の肥満者の割合は1980年には17%だったのが、2007年には30%を超えるまでに増加。また、体重の変化を見ると、30代（池中玄太世代）の平均体重は、1980年で62kgだったのが2006年には71kgになっています。この30年で実に10kg近くも増えているのです。

食事よりもこわい、肥満者増加の要因がある

なぜこれほど日本人男性は太ってしまったのでしょうか。

体重の増減というのは摂取エネルギーと消費エネルギーのバランスで決まります。摂取エネルギーとは、食べた食事から得られるエネルギーのこと。消費エネルギーとは、呼吸、体温維持などの生命維持のために使われるエネルギーの基礎代謝と体を動

かすことで使われる活動エネルギーなどのことです。「摂取エネルギー＞消費エネルギー」なら体重は増え、「摂取エネルギー＜消費エネルギー」なら体重が減ることになります。

20歳以上の国民の平均摂取エネルギー (1日あたり)

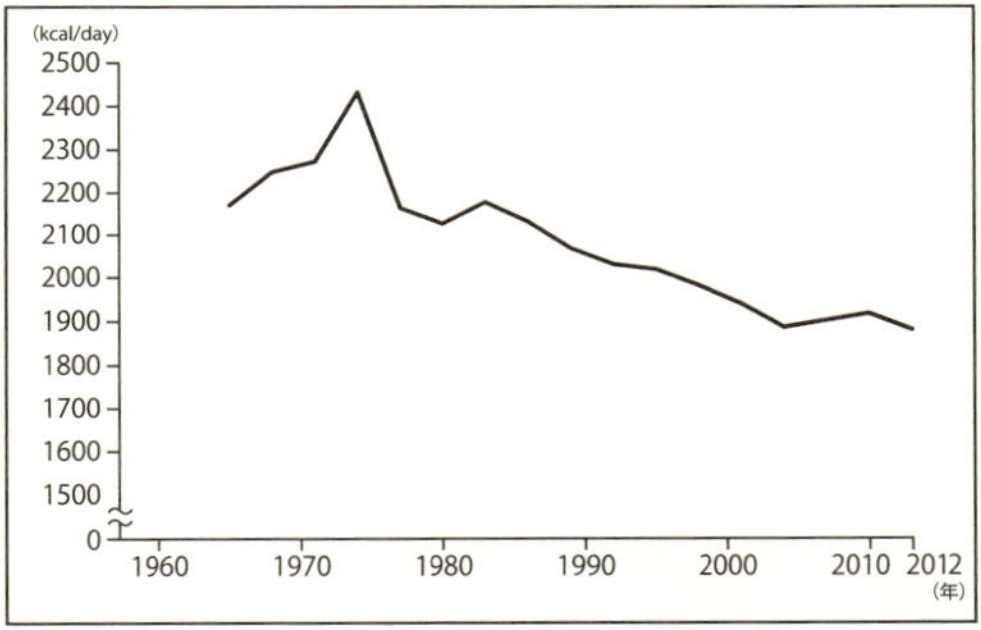

(国民健康・栄養調査より)

「飽食の時代」という言葉のとおり、現代人の肥満増加の原因は「食べ過ぎ」、つまり摂取エネルギーの増加にあると思われがちです。しかし、実はこれがそうでもないのです。

「国民健康・栄養調査」によると、２０１２年の20歳以上の国民の平均摂取エネルギーは１日あたり１８８８キロカロリーとなっています。

実はこの数値は、64年前となる終戦直後の１９４６年の調査結果とほとんど変わっていません。**30年前の数字と比べた場合には、逆に２７５キロカロリーほど「少なく」なっている**

のです。

275キロカロリーのエネルギー量は脂肪組織に換算すると、およそ38gに相当します。つまり、**30年前の食事を現代人が続けると、単純計算で「38g×365日＝約14kg」も1年間で脂肪がついて太ってしまうことになります。**

では、摂取エネルギーが減っているにもかかわらず、なぜ肥満の増加傾向が続くのでしょうか。

その理由は、「消費エネルギーの減少」にほかなりません。**現代人は食べ過ぎというよりも、運動不足で太ってしまったといえます。**

消費エネルギーの低下の原因は、昔の人はよく運動をしていたのに現代人は運動をしなくなったから、というわけではないでしょう。それよりも、体を動かさなくてもすむようになった便利な生活環境の変化に主な原因があると考えられます。

昔は、家事といえば洗濯にしろ掃除にしろ、すべてをこなすには1日がかりの重労働となっていました。ところが、いまや洗濯は洗濯機まかせの全自動。掃除をするのに腰をかがめてホウキで掃くのは時代劇の中でのお話。最近では外出中に勝手に掃除をしてくれる全自動の掃除ロボットまで登場しています。食器洗い機は新築マンションでは必須アイテムの1つですし、買い物にしても冷凍冷蔵庫の大型化による効率アップに加え、インターネットで注文すれば家の玄関まで届けてくれる便利なシステムまであります。

では仕事はといえば、大半がパソコンに向かってのデスクワーク。出張や会議も経費節減を兼ねたメールの活用でどんどん減る傾向にあります。昼食に行くくらいしか会社の外に出ない日も珍しくありません。つまり、**便利な世の中になってきた代償が肥満の増加となって表れているとも言えるのです。**

こうした事実は、きちんと数字でも読み取ることができます。日常的な身体活動の指標である「1日あたりの歩数」は、「国民健康・栄養調査」（厚生労働省）によるとわずか10年の間に1000歩ほども減少していることが示されています。さきほどの体重増加の推移と重ねてみれば、**「現代人は体を動かさなくなることで太ってしまった」**と言えます。

※なお、「国民健康・栄養調査」（厚生労働省）の摂取エネルギー量の算出法についてては、実際の摂取エネルギーよりも低い値が出る傾向があると指摘する声もあります。よって、ここに示したほどには日本人のエネルギー摂取量は少なくないかもしれません。過剰なエネルギー摂取が日本人男性の肥満者増加の一因である可能性もあります。しかし、運動不足は事実であり、活動量の低下が大きな問題であることに変わりはありません。

地方の人ほど歩かないという事実

では、肥満の傾向について地域差はあるのでしょうか。
都会に住む人と地方に住む人を比べた場合、一般的には地方の人のほうがよく運動

都道府県別の歩数と肥満との関係（20歳以上の男性対象）

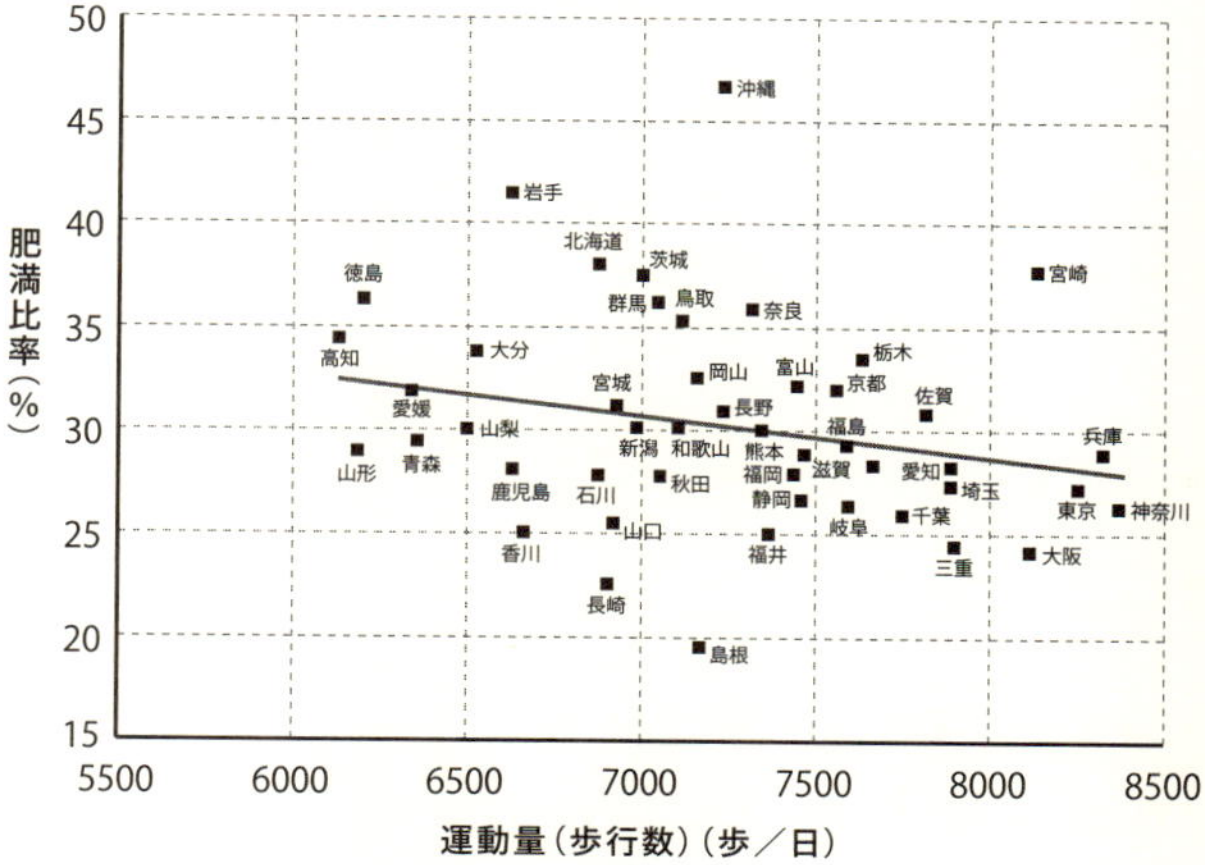

（食育白書 平成20年版 より）

をしていて、都会の人は運動不足というイメージがあるかもしれません。しかし、実際はその逆の傾向にあります。日常的な身体活動量の指標である歩数の県別データを見ると、その差は歴然です。

東京、神奈川、大阪、兵庫といった都市圏は１日あたりの歩数が８０００歩を超える高い値であり、全国の都道府県の上位を占めています。一方、６５００歩以下の低い値を見ると、高知、山形、徳島、愛媛といった地方の県が下位に並んでいます。

そこからもわかるように、**歩数の多い県ほど肥満者の割合が低く、歩数の少ない県ほど肥満者の割合が高い傾向があります。**普段から活動的に動いて歩数を増やすことが〝やせ体質〟につながることがわかります。

この県ごとの歩数の違いの主な理由は、都会に住む人と地方に住む人の交通手段の違い、つまり車社会と鉄道社会の違いにあると考えられます。

都会の場合、主な移動手段は電車や地下鉄です。駅までの歩きに加えて乗り換えも多いので、駅構内での歩数も少なくありません。これに対して、地方では移動の手段といえば車です。自宅に車庫がある家庭も多く、また目的地のすぐそばに駐車場があるため日常的に歩く機会がほとんどありません。

さらに**地方の場合は、車に乗ることに慣れすぎてしまって、「車に依存しすぎている」ことも大きな問題のようです。**「ゴミを捨てに行くのにも車を使う」と言われることがありますが、ほんの数百メートルの移動でも車を使うことが当たり前になっているのです。さながら、「車病」とでも言えそうです。

以前、ある県のB市で行われた学会に出かけたときにそれを実感するエピソードがありました。

学会が開かれていた会場からは、「ワンダーラクテンチ（現：ラクテンチ）」という遊園地が見えていました。一時は廃業の危機に追い込まれたようですが、珍しい形の観覧車などがあって楽しそうなところです。

そこで、知人と話をしているうちに行ってみようということになりました（もちろん学会の「空き時間」にです）。早速、地元の人にその遊園地までの道を聞いてみたのですが、どの人もみな口をそろえて「とても歩いてはいけないほど遠いから、タクシーを使ったほうがいい」と答えます。しかし、どう考えてもそんなに遠くない距離に見えるのです。

そこで、ダメならタクシーを呼べばいいやと思いながら歩いてみると、わずか15分ほどで着いてしまったのです。そして、B市を見渡す展望風呂で、まさに「絶景かな」の見晴らしを心ゆくまで楽しみました。

それにしても、**歩いて15分ほどの距離が徒歩圏内ではない**のはどうでしょう。年配の方なら仕方ないかもしれませんが、私よりも若い人たちがそのように思っているのです。地方都市における車社会の深刻さを痛感した出来事でした。

鉄道路線が充実していない地方では、車なしでは生活できません。通学、通勤、買い物に病院通い。どれも毎日のことですから車社会が発展するのは当然でしょう。しかし、極度の車依存症は運動不足による肥満を誘発しかねません。さらに恐ろしいことに、肥満は心筋梗塞などの生活習慣病のリスク、いわゆる「メタボリックシンドローム」という問題まで抱え込むことになるかもしれないのです（次項で詳しく解説します）。

車依存の問題はそれだけではありません。不必要な車の利用は自分の寿命だけでなく、地球の寿命も縮めることになります。CO_2排出量増加による地球温暖化の問題です。日本政府が温室効果ガスを抑制するために掲げたプロジェクトが「チーム・マイナス6％」ですが、目標達成には一人一人が協力するしかありません。**歩ける距離は歩いて移動する。体のためになることが、実は地球環境のためにも役立つのです。**

メタボがもたらす生活習慣病の恐怖

肥満といえば、太った体に出っ張ったお腹を思い浮かべる方が多いと思います。ひと昔前までは、少し太めくらいのほうが貫禄があっていいと考えられていたようですが、いまは違います。むしろ自己管理能力が低いといった悪い印象を与えかねません。しかも、**肥満は見た目だけの問題ではありません。健康を脅《おびや》かす元凶でもあります。厳しい言い方をすれば「命にかかわる」問題なのです。**

とくに問題となるのが、出っ張ったお腹にたっぷりついた「内臓脂肪」です。内臓脂肪とはお腹の中の内臓の周りについた脂肪組織のことで、男性につきやすい脂肪です。

「メタボリックシンドローム」、略して「メタボ」という言葉が近年大きな話題になっていますね。流行語大賞のトップ10に選ばれたこともあります。このメタボを日本語にすると、内臓脂肪症候群（直訳すると代謝症候群ですが）と言います。メタボ自体は病気ではありませんが、心血管疾患、脳血管疾患、糖尿病といった「生活習慣病の発症リスクが高い状態である」ことを意味しています。

つまり、内臓脂肪が増えると心筋梗塞、脳卒中、糖尿病などの生活習慣病の発症リスクがグンと上がってしまいます。これらの病気は死に至ることの多い病気なので、「内臓脂肪が増える＝命にかかわる問題」だと言ったのです。

メタボの判定基準は、

・内臓脂肪型肥満

であり、かつ

・高血糖、高血圧、高脂血症のうち2つ以上を合併した状態

を言います。1つだけ合併した状態はメタボの予備軍と判定します。

詳しい条件は左ページを参照してください。40歳以上の日本人男性の約30％がメタ

メタボリックシンドロームの診断基準

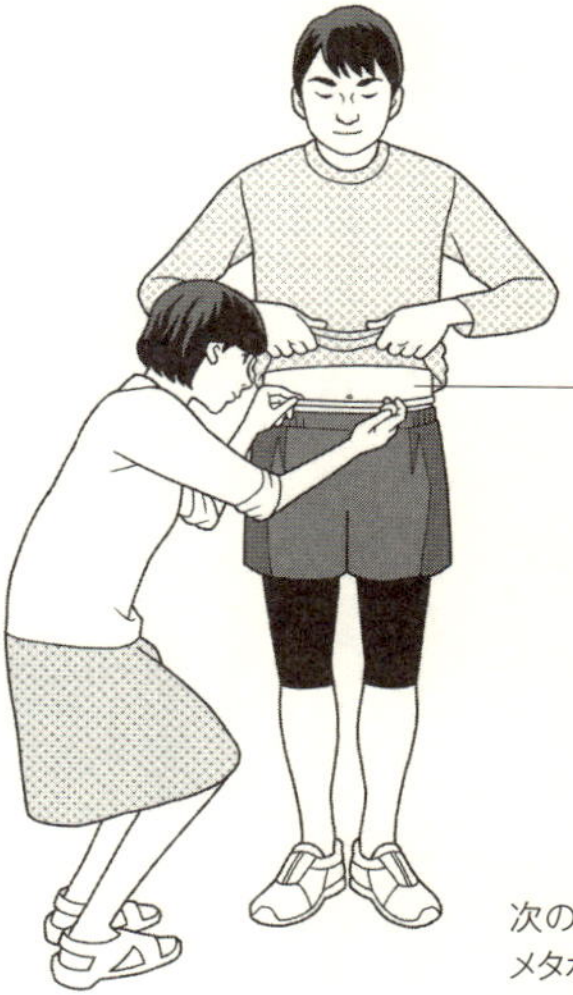

ウエストは立ったまま、
軽く息を吐いた状態で
へそ周りを測定。

□内臓脂肪蓄積

ウエスト周り
男性85㎝以上
女性90㎝以上
（内臓脂肪断面積100㎠以上に相当）

＋

次の基準値のうち、2つ以上にチェックがつくと、
メタボリックシンドロームと診断される。

□ 血中脂質

トリグリセリド値　150㎎／dL以上
HDLコレステロール値　40㎎／dL未満
のいずれか、または両方

□ 血糖

空腹時血糖　110㎎／dL以上

□ 血圧

最高（収縮期）血圧　130mmHg以上
最低（拡張期）血圧　85 mmHg以上
のいずれか、または両方

※高トリグリセリド血症、低HDLコレステロール血症、高血圧、糖尿病に対する薬剤治療を受けている場合は、それぞれの項目に含める。

ボ、**約25%が予備軍と診断されています。**つまり予備軍を含めると、この年代の半数以上がメタボに該当しているのです。

メタボ判定の最初の条件となる内臓脂肪型肥満であるかどうかは、ウエスト周径囲で簡易的に評価します。日本国民全員に対してCTスキャンなどで内臓脂肪量を測定することは現実的に不可能だからです。

男性ならウエスト85㎝以上、女性ならウエスト90㎝以上を内臓脂肪型肥満と一律に判定します。ここでいうウエストは「おへその位置」で測った周径囲のことで、女性のほうが規定がゆるいのは、内臓脂肪が男性よりもつきにくいことと、おへその位置がヒップのはじまりで男性と比較した場合に意外と大きいためです。**このウエストの値は、生活習慣病のリスクが高くなる内臓脂肪断面積100㎠以上という数値と対応しています。**

厚生労働省が2008年4月からメタボ対策として特定健診（通称メタボ健診）を実施しはじめたのも、それだけ生活習慣病患者が増えているからです。

生活習慣病は、文字どおり生活習慣との関連が深い病気です。生活習慣は本人にその気があれば変えることができます。医者にかかる前に自分でできることはたくさんありますから、まずは1つでもそのリスクを減らしたいものです。

運動習慣のある人は国民のわずか20％程度

厚生労働省の「国民健康・栄養調査」（平成24年）によると、定期的な運動習慣を持つ人（1回30分以上の運動を週2回以上実施し、1年以上持続している人）の割合は20～50代では、男女とも20％程度しかいません。

肥満解消だけでなく、健康維持のためにも運動が大事だとはわかっていても、実際に運動を習慣として続けている人は全体の5分の1程度しかいないのが現状です。生活環境が便利になって、日常での身体活動量が年々減っていることは先ほど述べたとおりです。その上、5人に1人しか定期的な運動を行っていないわけですから、2人に1人がメタボおよびメタボの予備軍になってしまうのも当然かもしれません。

そこで本書では、普段ほとんど運動する習慣のない生活をしているでっぷりお腹の日本人男性が、どうやって健康的で引き締まった体を取り戻すことができるかを考え、その方法を紹介していきたいと思います。

プロローグの冒頭でも述べたように、限られた期間だけ頑張るような方法では、一時的な効果しか得られません。体型を変えるにはそれなりの時間が必要なのにもかかわらず、少しは体型が変わったかなというところで長続きせずにあきらめてしまう。すると結局は元の体型に逆戻りとなってしまいます。

また、一生懸命頑張って、体型が大いに改善されるまで続けたとしても、そこでやめてしまえばやはり体型は徐々に元に戻ります。結果を急ぐあまり、極端な食事制限などでやせた場合などは、同時に筋肉量も大きく失ってしまうことから基礎代謝量が落ち、リバウンドでダイエット前より体重・体脂肪率が上がってしまうことさえあります。

ダイエット方法にはいくつもの種類があります。社会現象にまでなったビリーズブートキャンプにせよスロトレにせよ、自分自身が納得できるだけの実績があり、これからも続けていけるならば最高の選択といえるでしょう。**しかし、多くの人にとっては「やせたいけれど、続けるのはむずかしい」というのが現実です。**

でっぷりお腹からの脱却は、1回限りのチャレンジではありません。むしろ、無理なく日々の生活の中で実践でき、「習慣としてずっと続けられる」ことが大切です。そこで私たちが本書で提案するのが、**「一生太らない、お腹の出ないやせ体質」を目指した「かんたん体幹・コア体操」**なのです。

「かんたん体幹・コア体操」でスムーズに動ける快適な体に

ここ30年ほどの間に日本人男性が急激に太ってしまった主な原因として、

・日常で体を動かさない生活環境になってしまった
・習慣として運動を行っている人が少ない

ことが、「国民健康・栄養調査」(厚生労働省)などの報告から浮かび上がってきました。

しかし、急激な運動は長続きしないだけでなく、体への負担も大きくなります。そこで、運動を習慣化させる方法を2段階に分けて考えていきたいと思います。

まずは肩慣らしの意味から、普段の行動について、キビキビと活動的に動くことを目指します。といっても、交通標語のように「体を動かすときはキビキビと迅速に」とか、「車やエレベーターなどに頼らずに歩数を増やしましょう」というだけでは問題は解決しません。これまでも何か理由があったから体を動かさなかったのです。もしかしたら、腰が痛い、肩が凝る、体がこわばってスムーズに動かない、といった状態かもしれません。負担を抱えたままでは、体を動かすのも億劫《おっくう》になってしまいます。**まずは自分の体を快適に動ける状態にしてあげることが大事です。**

そこで注目したのが、人体の軸となり、手足の土台でもある胴体部分の「体幹」です。体幹は体の芯をなすことから「芯」、「核」を意味する英語の「コア：ｃｏｒｅ」と呼ばれることもあります。

この、体のコアである体幹の動きをよくする体操（本書では「かんたん体幹・コア体操」と呼びます→第2章、第3章で紹介）を行うことで、**体の芯からスムーズに動ける快適な体の状態を目指します。**普段あまり体を動かしていない人ほど、体幹が凝り固まって動きが悪くなっていることが多いようです。芯の部分がこわばって動きが悪ければ、全身を快適に動かすこともできなくなるでしょう。

また、体幹の動きをよくして、体幹の筋肉を普段からよく使えるようになることで、その部分に脂肪がつきにくくなる効果も期待できます。なぜなら、よく動かす部分の脂肪は、分解されてより使われやすくなると考えられるからです。

日常からキビキビとよく動けるようになり、体の調子がよくなってきたら（日常の活動量が増えれば体はさらに快適になるという好循環が生まれます）、第2段階として、少しずつ運動をはじめることにチャレンジしてみます。快適に動けるようになれば、何か運動をはじめてみようという気持ちにもなってくると思います。

1．かんたんにできる体操を習慣にして、快適に動ける体をつくる
2．日常からキビキビと体をよく動かす生活を心がける
3．習慣的な運動につなげる

という流れで「無理なく」「続けられる」体づくり、そして運動の習慣化を目指しま

しょう。

「メタボおじさん」よりも「ちょいワルおやじ」

「メタボ」という言葉が世の中に認知されるようになってから数年がたちますが、メタボ体型の中年男性の数が減る傾向にはあまりなっていないようです。もちろんメタボという言葉がきっかけで、健康的にやせた方もたくさんいらっしゃいますが、そういう方は多数派とは言えません。残念ながら、**「おれはメタボだからなぁ」と笑いながらお腹をさすっている方のほうが多いように思います。**

メタボは前述したように「命にかかわる」問題です。流行語大賞にまで選ばれたくらいですから、この言葉を知らない人はまずいないでしょう。にもかかわらず、**それ**

ほど深刻には受け止められず、メタボ人口が減らないのは、おそらく「メタボ自体は病気ではない」からではないでしょうか。

メタボは、心不全、脳卒中、糖尿病などの病気に「かかりやすい状態」のことであり、メタボであることで何か意識される症状が出るわけではありません。太っていて内臓脂肪が多くても、血圧が高くても、動脈硬化が進んでいても、どこも痛くもかゆくもありません。

心不全や脳卒中のような動脈・血管系の疾患は「サイレントキラー（沈黙の殺人者）」と言われます。ほとんどの場合自覚症状はなく、前日までピンピンしていた人が突然倒れたり、亡くなったりするからです。

多くの人は、元気であるときはそれほど体に気を使わないものです。病気になってはじめて体をいたわります。煙草を吸う人に、いくら肺がんになるリスクが高まると言ってもかんたんに禁煙はしないでしょう。検査で肺がんが見つかってはじめて煙草をやめるという場合がほとんどなのです。

メタボも喫煙と同様に、無関心ではいられない問題です。自分の体は自分で管理で

カッコよくなるためにお腹を凹ますことを目指してもよいでしょう。

きるのだから、自分の責任でできることはしてください、と国が危機感を持ってつくった基準です。笑いながらお腹をさすらずに、もっと真剣に受け止めていただきたいと思います。

とはいえ、何の症状も出ていない状態で、体のこと、健康のことを真剣に考えるのはむずかしいことかもしれません（肺がんになるまで煙草をやめられないように）。それならば、別の目的で健康的にやせることを目指してみてはいかがでしょうか？　**健康のためというよりも、ルックスのために、カッコよくなるために、そして何ならモテるためにやせるといったちょっと不純（？）な目的で、お腹を凹ますことを目指してもよいと思うのです。**

読者の多くも出っ張ったお腹をなんとかしたいのは、健康のためよりもカッコよくなるためだと思います。病気でもないのに健康のためにやせようと努力するよりも、あの洋服が着たい、スポーツでいいところを見せたいというほうが、モチベーションも上がるでしょう。**結果としてお腹が凹んで内臓脂肪が減った、病気のリスクが下がって健康になったというのであれば、動機はなんでもよいのです。**

そういう点から考えると、「ちょいワルおやじ」ブームをつくったタレントのジローラモさんの功績は偉大だと思います。おじさんになっても、見た目のカッコよさにこだわり、〝カッコよくあることの、カッコよさ〟を日本中に呼び掛けたわけですから。

パパイヤ鈴木さんや伊集院光さんといった〝元はおデブキャラだったのに、やせたタレントさん〟の姿も、日本中のメタボおじさんをやせようと思わせるよい動機づけになったと思います。私が見ても、パパイヤ鈴木さんなどはずいぶんカッコよくなりましたし、見た目年齢もかなり若返ったように思います（パパイヤさんの仲間のおやじダンサーズの方々は笑いながらお腹をさすっていましたが……）。

女性にモテるようになって家庭が崩壊するような悪いこと（これはいけません。もはやちょいワルを超えた悪さですね）をしなければ、みなさんもどんどんちょいワルな、カッコいい引き締まった体を目指してほしいと思います。

Short Column 01
メタボが広く知られるようになったのは

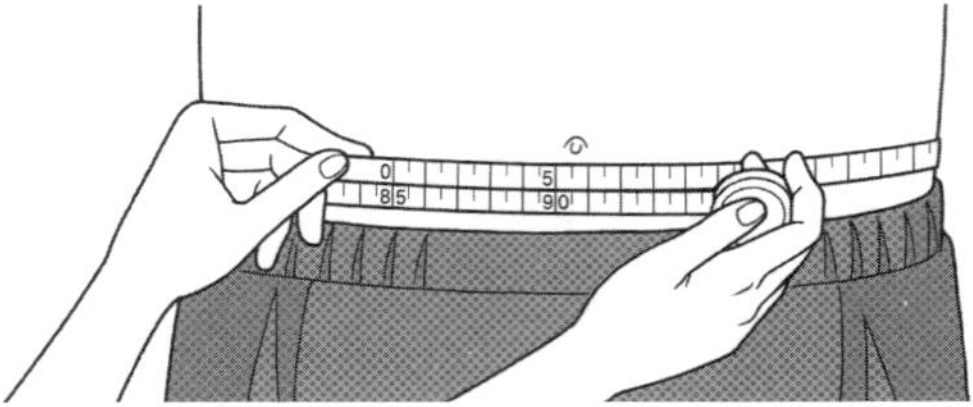

男性のメタボ基準（ウエスト85cm以上）については、「身長や筋肉量を考慮していない」「85cmを内臓脂肪100㎠と単純に対応させるのは乱暴だ」といった批判が多いようです。しかし、実際に国民全員がＣＴスキャンで内臓脂肪量を調べるのは現実的ではありません。また、身長などを考慮して計算式で導く方法もありますが、ちょっと面倒です。

たしかに判定基準としては少し乱暴なところがあるのは否定できません。しかし、「85cm」というきわめてかんたんな基準値を示してシンプルに国民に訴えたことで、ダイレクトにメッセージが伝わりました。その証拠に多くの人が「85cm以上はメタボ（詳細にはさらに条件が加味されますが）」ということを知っています。また、ウエスト周りは誰でもかんたんに測れて自分の数字を監視できるので、メタボ予備軍やメタボ脱出組にとっては自分を律するわかりやすい目安にもなるのです。

数字を単純化したやや乱暴な基準であったからこそ、ここまで広くメタボについての認識が広まったのではないでしょうか。

第2章

お腹凹ませのキーワード

手足の土台となる「体幹・コア」のコンディショニング

ダイエットを決意するとき、たいていの人は短距離走者を目指すことが多いようです。短距離走というのは、スタートダッシュが勝負の短期決戦。「○kgやせたい」「お腹をもう○cm減らしたい」といった明確なゴールがあれば、少し厳しい食事制限やハードな運動も、短期間であればあるほどつらくても我慢できるものです。ダイエットが期間限定の一時的なものだから頑張れるのです。

しかし、ゴールに辿《たど》り着いてしまえば、レースは終了です。以前の食生活や生活習慣に戻ってしまえば、せっかく努力して減らした数値もまたいずれ元に戻ってしまいます。**ダイエットをするなら、期間限定のものであってはならないのです。**

では逆に、続けることができないのはなぜでしょうか。答えはかんたんです。極端な食事制限やハードな運動は、そうかんたんに長期間続けられるものではないからです。

ということは、ゆるやかな食事制限と頑張りすぎず無理なく実行できる運動を取り入れることができれば、ダイエットを朝の歯磨きのように生活習慣の１つに組み込むこともできるというわけです。みなさんには短距離走者を目指すのではなく、マラソンランナーを目指していただきたいのです。

第１章でも触れたように、定期的な運動習慣がなく、日常生活でもあまり体を動かさない人は肥満傾向にあります。しかし、そもそも運動する以前の部分に問題がある人も多いのではないかと思います。意志が弱いから、飽きたからというばかりではなく、体がスムーズに動かない、運動を頑張った結果いろいろなところに痛みが出てしまう、という人が多いのです。

普段から活動的に体を動かし、運動することを習慣にするためには、まずは体を「快適に動ける」状態にする必要があります。そこで注目したいのが「体幹」です。

体幹とは、解剖学的な意味合いとしては「腕、脚、頭部を除いた胴体部分」のことを指します。この部分を構成する骨格（骨）は骨盤とその上に連なる脊椎《せきつい》（背骨）です

体幹を構成する骨格

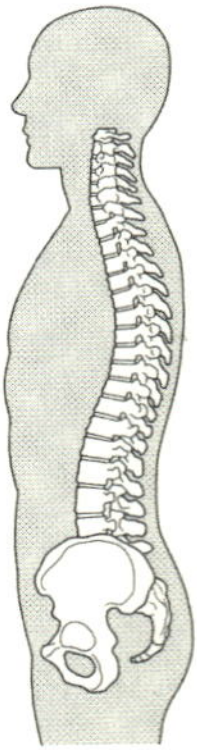

体幹の動きはそれを構成する24個の脊柱（背骨）と骨盤の動きによって起こります。

（上図）。動作にはかかわらない部分を含めると、内臓を保護する肋骨《ろっこつ》部分も体幹を構成する骨格に入ります。

手足の土台をなし、体の中心・軸となる場所に位置するだけでなく、体の各部分を動かす上でも中心的な役割を果たすことから、体幹は英語で「芯」、「核」を意味する「コア：core」と呼ばれていることは先にも述べました（コアという言葉が体のどの部位を指すのかという解剖学的な定義はありません。体幹以外の部分を指してコアという言葉が使われることもあります）。

スポーツの世界では、体幹を鍛え、体幹の機能を改善させることを目的としたトレーニングは「コアトレーニング」などと呼ばれます。近年注目度が高まり、アスリートの間では非常によく行われる、メジャーなトレーニング法になりつつあります。

スポーツ動作に重要な役割を果たす体幹は、日常で体を動かすときにも同様に重要な役割を果たしています。そこで本書ではこの体幹に着目し、体の中心であり、軸をなす体幹部のコンディションを改善するかんたんな体操を提案したいと思います。運動経験のない方でも大丈夫。いずれも1分ほどでできるかんたんな体操です。これを続けることで、まずは無理なく運動を続けるための体づくりの基礎ができるのです。

体幹は腕・脚がしっかり働くための基盤

歩いたり走ったり、また跳んだり投げたりといった日常の動作やスポーツにおいて、力を出したり、速度を増したりするのは主に腕、脚の関節運動で行われます。体幹の骨格をなす骨盤と背骨の動きが主となって動作を行うわけではありません。

では、**体幹は何をしているのかというと、動作において大きな関節運動を行う腕、脚の「土台となる部分」として働いているのです。**

腕、脚の根元はすべて土台となる体幹からはじまっています（左ページの図）。実はこの土台である体幹自体も関節運動を行って動作に貢献しているのです。目に見えて動きのわかる腕、脚ほど大きな動作はしませんが、さまざまな動作において、体幹もまた動いてパワーを発揮しています。

例えば、歩くときは大きく体幹をひねることで脚が付け根の腰から大きく回り、さ

体幹は腕・脚がしっかり働くための基盤

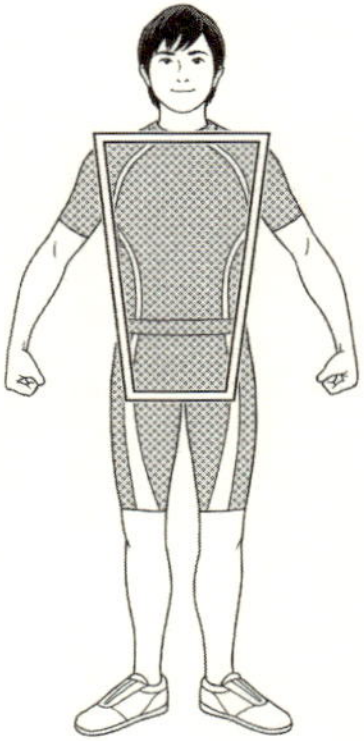

腕、脚の根元はすべて土台となる体幹からはじまっています。体幹を固定できないと、手足の動きも強く行えません。

らに振り出されることでストライドが伸びます。立ち上がる動作でも、無意識に体幹部の背中を丸めて反らす動作を行っています。脚だけの動きで立ち上がるわけではありません。

試しに体幹を動かさずに手先や足先だけの動きで日常の動作をやってみようとすると（かなりむずかしいですが）、大きくしっかりと動くことができないのがわかるでしょう。

そして、もう1つ、体幹が身体動作において果たす重要な役割は、体幹をしっかりと固定させて安定した手足の土台をつくることです。歩く、走るといった基本的な動作において、実際に大きな動きを起こすのは腕、脚の関節運動ですが、その足場がしっかりしていなければ十分なパワーを発揮することができなくなってしまいます。

オーストラリアのグループによる研究では、人に腕や脚を動かす運動課題を与えると、その動きに先行して腹筋群や背筋群といった体幹の筋肉群の筋活動が起こることが示されています。腕・脚を動かす動作では、動きはじめる前に、まずは体幹をしっかりと固定して安定させる「土台を固める」動作をしているのです。

腹筋群・背筋群とは、体幹の骨格をなす背骨を支える前後の筋肉のことです。つまり、腹筋群、さらに背筋群で体を支え、ピシッとした姿勢でしっかりと土台の体幹を固定できていないと、その先の手足の動きも強く行えないということです。だらしのない猫背のような姿勢では体をテキパキと動かせないわけです。

1・手足の土台部分から大きく動かすこと（体幹動作）
2・手足の土台部分を固定して安定させること（体幹固定）

によって体幹はその先の腕、脚を強くしっかり動かすための基盤となっているのです。

さびついた自転車も、一度こぎ出してしまえばあとはスムーズに走ってくれます。私たちの体も、動かすことでその動きがなめらかになります。普段から土台となる体幹がしっかり動いていれば、体の各部分の動きもスムーズに連携し、体が快適に動きます。

逆に普段からあまり体を動かさない人ほどこの「体幹動作」「体幹固定」がうまく機能しなくなり、体幹の動きが悪く、胴体が1つの塊のように凝り固まってしまうのです。

これからご紹介する「かんたん体幹・コア体操」は、この2つの役割をしっかり行うことができる体づくりをすることで、快適に動ける体を目指していきます。

なお、ここでは歩くなどの日常動作を例にお話をしましたが、体を動かす基本の仕組みは競技動作でも同じことです。スポーツにおいてもその重要性は変わりません。

3つの「かんたん体幹・コア体操」で快適に動ける体づくり

本書のかんたんエクササイズのキーワードは、ここまで重要性を説いてきた「体幹・コア」です。この部分のコンディションをよくして普段からしっかり動かせる、使えるようにすることで、快適に動ける体づくりを目指します。そして後に述べますが、体幹・コアのコンディショニングは、「お腹やせ」「姿勢改善」「腰痛・肩こり改善」にもつながります。

ここで紹介するのは無理なくかんたんにできる3種類の体操です。いずれも1〜2分ほどの短時間でできるかんたんな方法ですから、習慣化しやすいと思います。

1・体幹動作1分体操

まずは、体幹を自在に動かせるようにするための体操です。動きのわかりやすい手足とは異なり、体幹を構成する背骨、骨盤の動きは外からは見えません。そのため体幹は意識して動かしにくい部分であり、普段から体を動かす習慣がない人では胴体が1つの塊《かたまり》のようにガチガチに凝り固まっていることが多いようです。

これでは体をコアからしなやかに動かすことができません。腰痛や肩こりの原因にもなるでしょう。体幹動作1分体操では、体幹部を大きくゆっくり動かすことで、芯からほぐれた体にすることを目指します。

2・体幹固定1分体操

2つ目は、**体幹をしっかりと固定する能力を高める体操です。**体幹の骨格をなす背骨を前後から支える腹筋群、背筋群等を使ってしっかりと体を支えます。この方法は、近年、スポーツの現場で体幹固定力の重要性に注目が集まっていることから、アスリートの間でも行われているものです。

ただし、目指すのはアスリートレベルではありませんので、ここではソフトにアレンジした方法を紹介します。

3・お腹凹ませ1分体操　ドローイン

3つ目は、体幹の重要な深部筋（インナーマッスル）である腹横筋を使った「ドローイン」というお腹を凹ませる体操です。腹筋の深層にあって腹巻のように内臓を取り囲む腹横筋は、体幹を支える陰の主役とも言える重要な筋肉です。

このドローインも近年アスリートの間で注目度が高く、よく行われている方法です。こちらも比較的かんたんにできるソフトにアレンジした方法から紹介します。

この3つの体操は誰にでもかんたんにできるものであり、時間もそれほどかかりません。毎日少しずつ続けることで、次第に体が大きくフレキシブルに動くようになり、しっかりと固定のできる体幹の状態をつくっていきます。そして最終的には、コア（芯）からしなやかに力強く快適に動かせる体にしていきます。

ただし、この3つの体操をはじめたからといって、短期間で劇的に体型が変わるようなことはありません（ラクして劇的な効果を得られる魔法はありません）。しかし、体を動かす心地良さ、ちょっとした動作を行うにもスムーズに動く快適さという点で、効果はすぐに期待できます。

3つの体操で体の“コア”となる体幹をコンディショニングする

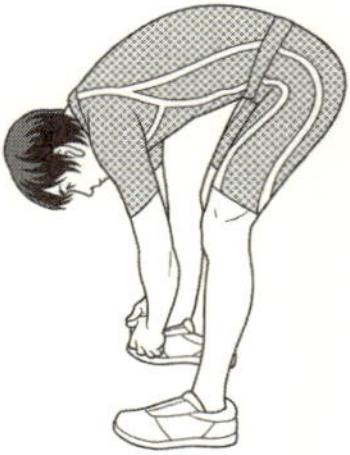

1. 体幹動作1分体操

フレキシブルに大きく動く柔軟な体幹をつくる。体の中心のコアからしなやかに動く体に。姿勢の改善の第一歩もここから。

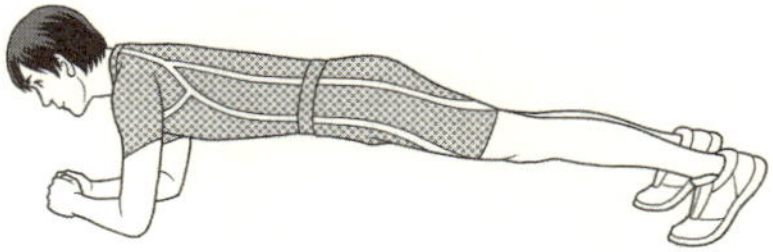

2. 体幹固定1分体操

体幹をしっかり固定する能力を高める。手足を十分に動かすには、その土台となる体幹をしっかり固定させることが大切。

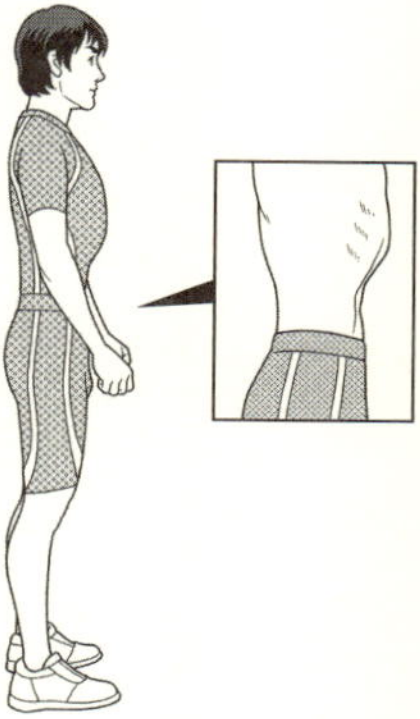

3. お腹凹ませ1分体操

お腹の奥にある腹横筋（インナーマッスル）を動かしてお腹を凹ませる体操。腹横筋は体幹を支える陰の主役。

また、それが体操を習慣化させるモチベーションになると思います。続けていけばお腹やせの効果も確実に表れます。ぜひ、トライしてみてください。

「かんたん体幹・コア体操」とお腹やせの効果

本書のメインテーマはお腹を凹ませることです。ここまでは、「かんたん体幹・コア体操」で体の中心であるコアからしなやかに快適に動ける体をつくることで日常の活動量を増やし、やせ体質をつくっていこうというお話をしてきました。

人はやせれば当然それだけお腹も凹んでくることになります。一般的には体重が1kg落ちればウエストも1cm減るとされます。この理屈は正論なのですが、それだけではちょっと頑張り甲斐がないと思われる方もいるでしょう。読者のみなさんがいちばんに求められているのは「気になるお腹を凹ませる」ことでしょうから。

　ではここで、「かんたん体幹・コア体操」と「お腹やせ」の効果についてお話をしましょう。

「部分やせ」という言葉を聞いたことがあると思います。何かをするだけで、みるみるその部分だけがやせていくというのは、なんとも魅力的な話です。しかし、人の体はパーツをつなげてできあがっているのではなく、連携して活動している1つの有機体なわけですから、おそらく無理だと結論づけている方がほとんどです。

　しかし部分やせはまったく不可能というわけでもないのです。脂肪燃焼の仕組みから考えると、**「全身やせを実現する中で、ある程度は特定の部位の脂肪を優先的に減らすことは可能である」**からです。

　ではどうすればよいかというと、落としたい部分の筋肉をよく使って動かすことが有効であると考えられています。経験的にもこのことはよく知られています。例えば減量中のボディビルダーは、腹筋運動をとことんやり続けることでお腹周りをとくに絞り込んでいくのです。

体についた脂肪が燃焼されてエネルギー源として使われるには、

・ステップ1　まず、体脂肪として脂肪細胞に蓄えられている中性脂肪が「分解」されて、遊離脂肪酸の形で血液中に放出されること。

・ステップ2　次にその遊離脂肪酸が筋肉や臓器などに取り込まれて「燃焼」されること。

という2つのステップが必要です。

このうち、ステップ1の脂肪の分解を標的の部位（ここではお腹）でより進みやすい状態にしてやれば、その部分の脂肪がより取れやすくなるといえます（とくに、よく動かす部位で起こると考えられています）。

事実、運動する際に使われた筋肉の周辺にある脂肪の分解は、他の部位の脂肪よりもよく進むという報告があります。また、マッサージを受ける場合でも、その周辺では局所的なノルアドレナリンというホルモンの分泌が起こるという報告もあります

（ノルアドレナリンには強い脂肪分解作用があります）。

「よく動かす部位の脂肪は取れやすく、逆に動きの悪い部位には脂肪がつきやすい」ことはみなさんも経験的に知っていると思います。あまり動かさない部位よりもよく動く部位のほうがやせやすいのです。

脂肪はつき過ぎるとその部位の関節動作の邪魔になります。ですから、脇腹など、ついてもあまり動きの邪魔にならないところに脂肪を蓄えたほうが都合がよいと言えます。よく動く部位の脂肪が分解されやすいというのは、邪魔にならないところ（つまりあまり動かないところ）から優先的に脂肪をつけるという、合目的性にかなった体の反応ではないかと思われます。

「かんたん体幹・コア体操」では、フレキシブルに体幹が動かせるようになることで、普段からお腹周りをよく動かし、しっかりと使うことができるようになります。また、体幹の固定力を高めることで、お腹周りの筋肉を使って背すじの伸びた姿勢をキープできるようになります。

つまり、普段から正しく立ち居振る舞いをすることで、お腹周りの筋肉をしっかり使えるようになり、とくにお腹周辺の脂肪が落ちやすくなると考えられます。

逆に、運動不足で動きの悪い、胴体が1つの塊のようになった状態では、お腹周りにどんどんと脂肪がつきやすくなっていく可能性があります。出っ張ったお腹、腰周りの分厚い脂肪は、きちんと体幹を使えていないこととも関係しているのです。

ただし、部分やせはあくまでも全身的にやせていく中で実現できるものであることをよく覚えておいてください。体脂肪が分解されて燃焼されることで減っていくときに、その分解される部位をある程度選ぶことができるということです。

Short Column 02
ここ一番でへそに力が入る ジャイアント馬場のハイウエスト・タイツ

手足の土台となる体幹部の重要性は昔から説かれてきました。中国武術などではへその下あたりを臍下丹田《せいかたんでん》と呼び、身体動作の肝になる部分と言われています。漢方医学においては「臍下丹田に意識を集中して力を集めれば、心身の健康が保たれる」と言われることもあります。

同じような意味で、「へそに力の入った動き」といった言い方をすることもあります。手足ばかりの力に頼らず、体幹をしっかり固めて、体幹から動作することの重要性を説いた言葉と言えます。旧来のプロレスファンには懐かしい鉄人ルー・テーズ氏の必殺技だったバックドロップは「へそで投げる」と言われました。

同じく「へそに力の入った動き」にこだわっていた旧来の名プロレスラーに、ジャイアント馬場選手がいました。

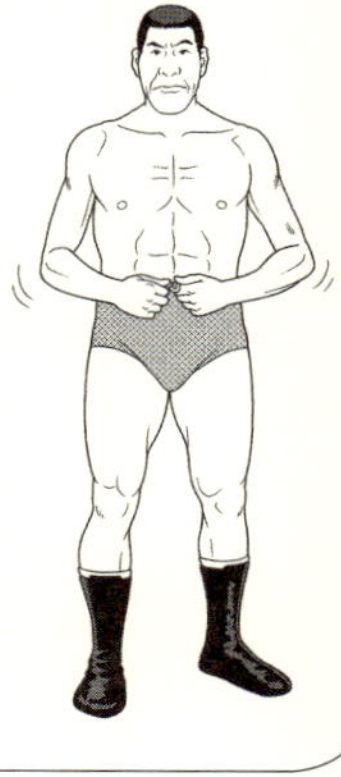

プロレス全盛期、当時の馬場選手をはじめジャンボ鶴田選手や天龍源一郎選手など全日本プロレスの選手はみな、ハイウエストのへそ上まである長いリングタイツをはいていました。これは「へその上でタイツの紐を締めると、ここ一番でのへその力の入り方が違う」という馬場選手の持論によるものだったそうです。

タイツの紐を締めることで、臍下丹田のあたりを意識しやすくしていたのでしょう。道を究める人というのは、何ごとにおいても理にかなった行動をしているのです。

「かんたん体幹・コア体操」で姿勢を正す

背すじの伸びたよい姿勢は、背骨のS字カーブを体幹の腹筋群・背筋群で前後から支えることで保っています。また、お腹の深部の腹横筋という筋肉も、お腹の奥で姿勢維持に役立っています。「かんたん体幹・コア体操」は、お腹周りの筋肉を使って体幹をしっかりと動かし、支えられるようにする体操ですから、姿勢の改善にも役立ちます。

ピシッと背すじの伸びたキレイな姿勢は見ていて気持ちがよいものです。しかしそれ以上に、お腹やせをはじめ次にあるようなさまざまなメリットがあるのです。

1・お腹周りの筋肉で姿勢を支えることによる「お腹やせ効果」
2・姿勢を支える作業による「エネルギー消費量の増大」
3・姿勢改善による「腰痛・肩こりの改善」

……etc.

1・お腹やせ効果

前項までで述べたように、よく動かす部分の脂肪は分解されて使われやすくなります。お腹周りの筋肉を使って背すじの伸びたよい姿勢を普段からとれるようになることで、お腹周りの脂肪が取れやすくなると言えます。

2・エネルギー消費量の増大

よい姿勢をキープしているということは、体幹内部にある腹筋群・背筋群を使って体を支えているということです。それだけ筋肉が仕事をしているわけですから、エネルギー消費量も増えます。

3・腰痛・肩こりの改善

腰痛・肩こりは多くの人が抱える問題です。原因はさまざまですが、主な理由は猫背や反り腰などの不良姿勢だとされています。背すじの伸びたよい姿勢を維持することは、これらの不快症状の改善にもつながるでしょう。

ここであげたように、**体幹の筋肉をしっかり使ったよい姿勢になることは、お腹凹ませにつながる面でもさまざまなメリットがあります。**姿勢の維持は、朝起きてから夜寝るまで1日中続くものです。ということは、「お腹周りの脂肪を使いやすい状態にする効果」「エネルギー消費をやや高い状態にする効果」を1日を通して実現することになります。また、「腰痛・肩こりの改善効果」によって身も軽くなり、普段の活動量も自然と増えてきます。

逆に言えば、お腹周りの体幹の筋肉をあまり使わず、猫背などの崩れた姿勢で日中を過ごしていると、お腹周りの脂肪が分解されにくい状態になり、姿勢維持で使われる分のエネルギー消費はなくなります。腰痛・肩こりなどの不快症状が起こりやすくなり、それが日常の身体動作の妨げにもなるでしょう。

何より、だらしない姿勢は見ていて見苦しいものです。体幹・コアをしっかりコンディショニングして、ピシッと背すじの伸びたよい姿勢を保ち、**普段からお腹周りを意識するように心がけましょう。慣れてくれば自然に姿勢を維持できるようになってきます。**

理想的な姿勢のチェック

理想的な姿勢は「土ふまず」「膝」「股関節」「肩」「耳」の5点が、ほぼ地面から垂直な一直線上に並んだ状態とされます。体幹の筋肉が怠けてしまうと、あごが前に出て背中が丸くなる「猫背」や、胸やお腹がつき出て、腰が反り返った「反り腰」といった不良姿勢になります。

猫背はあごを引いて胸を張ると、反り腰はお尻をきゅっと締めるようにすると、よい姿勢の形に修正できます。さらにその状態をキープするには体幹の筋肉でしっかりと姿勢を固定させなければいけません。

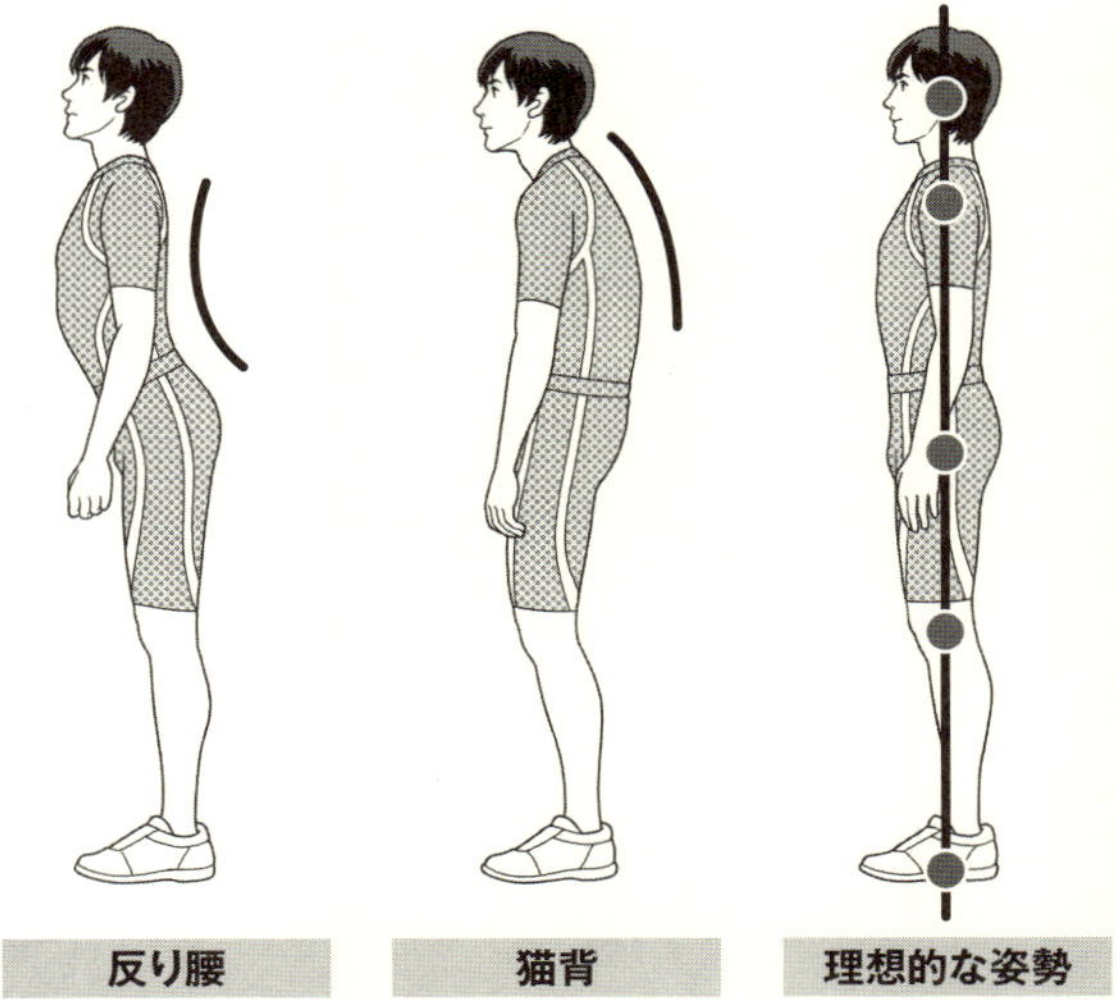

次の第3章では、いよいよ「かんたん体幹・コア体操」の実践に移っていきましょう。

第3章

実践編
「かんたん体幹・コア体操」

1 体幹動作1分体操

まずは体幹を柔軟にしっかり動かせるように

体のコアとなる体幹をしっかりと機能させる「かんたん体幹・コア体操」を紹介します。

最初は、「体幹動作1分体操」です。

体幹を構成する骨格（骨）は、54ページの図に示したように24個の背骨とその土台となる骨盤からなります。前後、左右に曲げたり、ひねったりと多様な方向にかなり大きく動く構造をしています。骨盤上に連なる「背骨の動き」が、そのまま体幹の動きとなっているのです（骨盤は背骨のいちばん下にある仙骨《せんこつ》とほぼ一体化して動きます。ですから、関節運動としては骨盤の動きも「背骨の動き」の一部と考えて差し支えありません）。

構造上は大きく動けるはずの体幹なのですが、関節の動きが外からわかりにくいこともあって、自在に動かすのがなかなかむずかしい部分です。そのため十分に動かせていない場合も少なくありません。

とくに普段体を動かさない人ほどその傾向が強いようです。また体幹の動きが悪く、体幹の筋肉を怠けさせて崩れた姿勢をとり続けている人は、体幹の筋肉、関節が凝り固まって動きがどんどん悪くなっていきます。ひどくなると体幹がまるで1つの塊のようにほとんど動かない人もいるほどです。

第2章で説明したように、よく動く部分の脂肪は分解されて使われやすく、動きの悪い部分の脂肪は使われにくい、つまり脂肪がつきやすくなります。体幹の動きの悪い運動不足の人のお腹周りにたっぷり脂肪がつくのも当然かもしれません。

まずは動くべき部分をしっかりと動かせるようになることが大事です。「体幹動作

1分体操」で体幹・コアの部分を大きくしっかりとよく動かせるようにすることからはじめましょう。

「体幹動作1分体操」では、体幹の基本的な動きである「体幹伸展・屈曲」「体幹側屈」「体幹回旋」の3つの動作を行います。体幹を前後、左右に動かしたり、ひねる動きも取り入れています。ゆっくりていねいに大きな動作で行うのがポイントです。

この体操では、まず体の軸となる体幹のみを動かします。体幹・コアの部分をよく意識しながら動作を行ってください。続いて、腕の振りも使って、足の根元の股関節から大きく全身を動かします。このときも、全身を使った大きな動きの中で、軸となるコアの体幹がしっかり動いていることを意識するようにします。

それぞれの種目をゆっくりとていねいに往復5回（片道で10回）行います。1往復2～3秒程度の速さを目安にしてください。1種目にかかる時間は10～20秒ほど。基本の動き3つにそれぞれ全身動作をつけて全部で6種目なので、合計でも1～2分程度でできます。

体幹動作１分体操①

体幹屈曲・伸展体操

●往復5回
●1往復2〜3秒程度

◎体幹屈曲・伸展（体幹動作のみ）

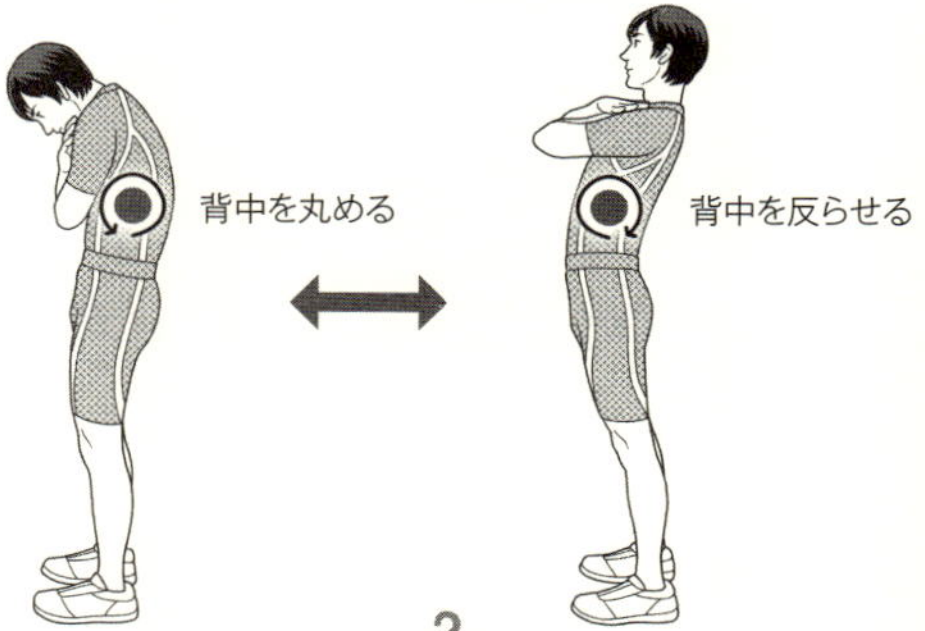

1
みぞおちのあたりを中心に、おへそをのぞき込むように背中を丸める。

2
同様にみぞおちのあたりを中心に、胸を張って背中を反らせる。

◎体幹屈曲・伸展（全身の動きをつけて）

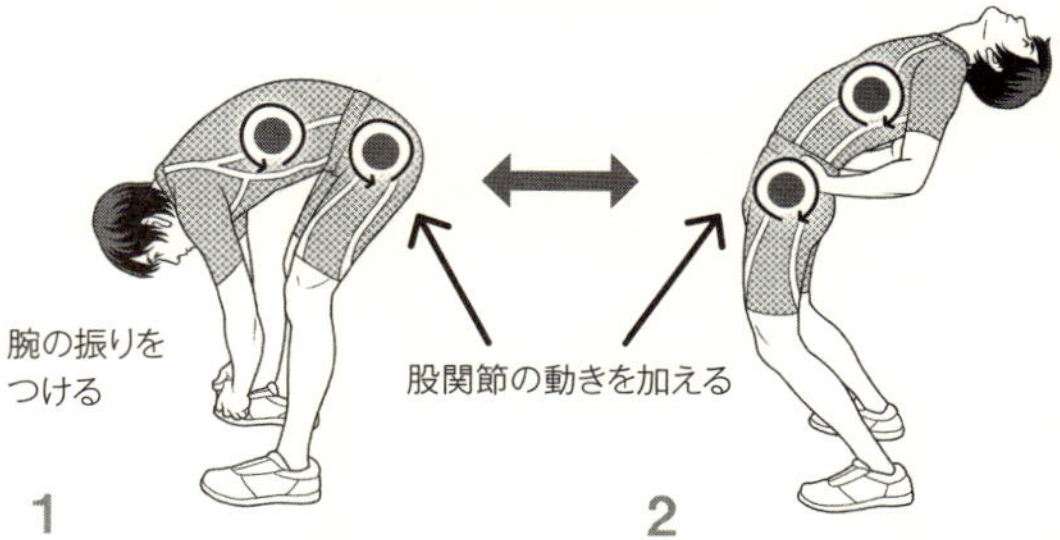

1
脚の付け根の股関節の動きを加え、腕の振りもつけて大きな動作で行う。

2
次に背中を大きく反らせる。全身を使った大きな動作となる。

体幹動作１分体操 ②

体幹側屈体操

●往復5回
●1往復2〜3秒程度

◎体幹側屈（体幹動作のみ）

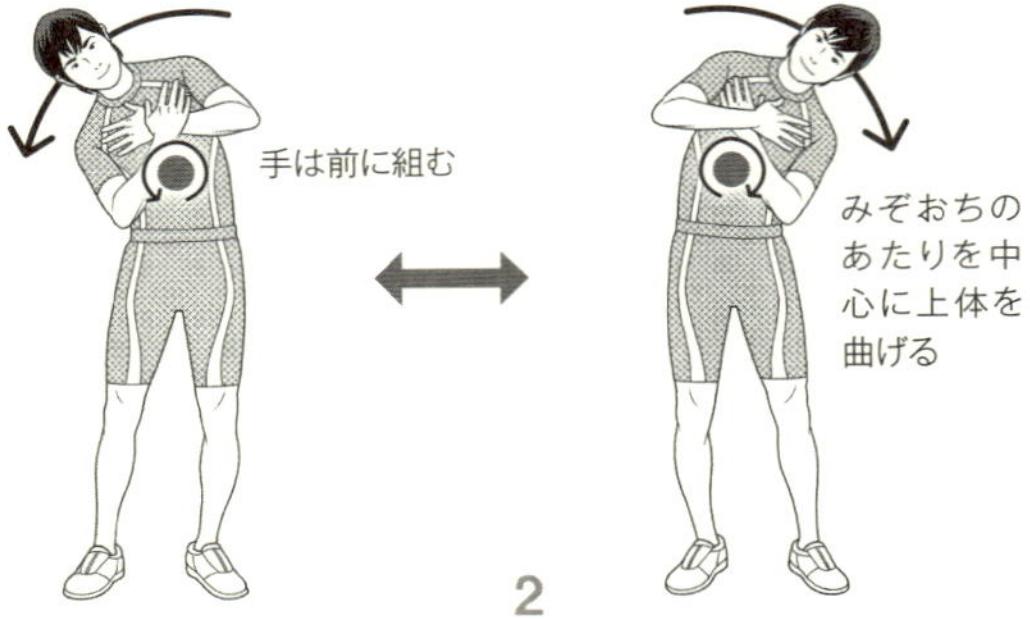

1

みぞおちのあたりを中心に上体をゆっくり横に曲げる。前かがみにならずに横方向のみの動きで。

2

同様に反対側にもゆっくり曲げる。手は邪魔にならないよう胸の前で組む。

◎体幹側屈（全身の動きをつけて）

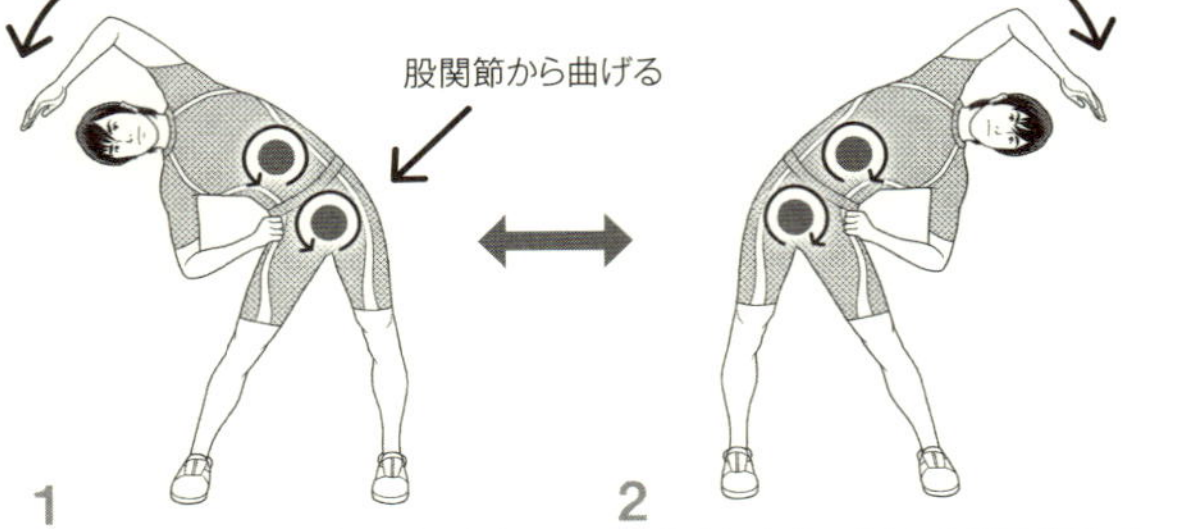

1

脚の付け根の股関節の動きを加え、腕の動きをもつけて全身で動作する。

2

逆方向にもゆっくり大きく曲げていく。

体幹動作１分体操 ③

体幹回旋体操

●往復5回
●1往復2～3秒程度

◎体幹回旋（体幹動作のみ）

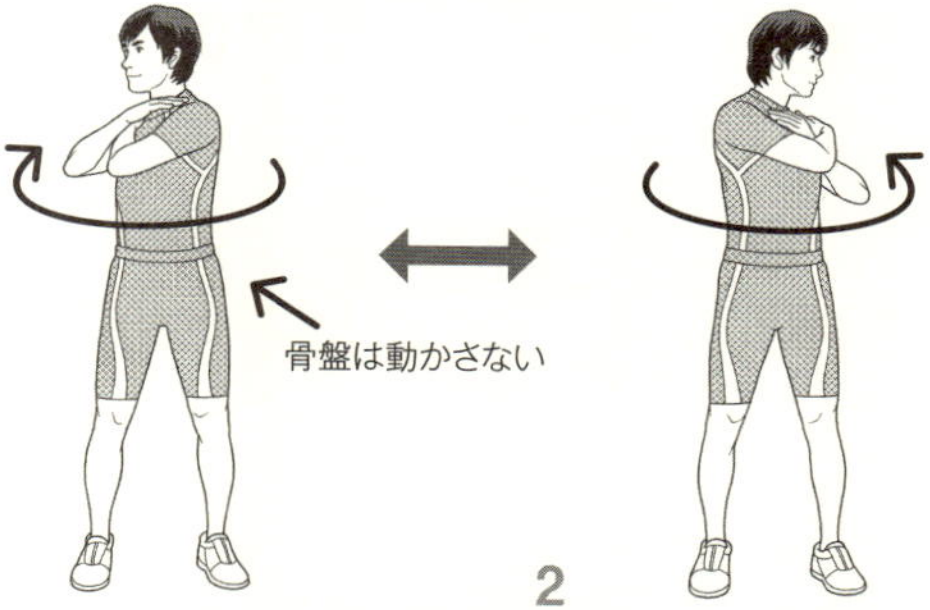

1
ゆっくりていねいな動きで上体を左右にひねる。1往復で2～3秒が目安。

2
同様に反対側にもゆっくりひねる。骨盤は固定して動かないよう注意。

◎体幹回旋（全身の動きをつけて）

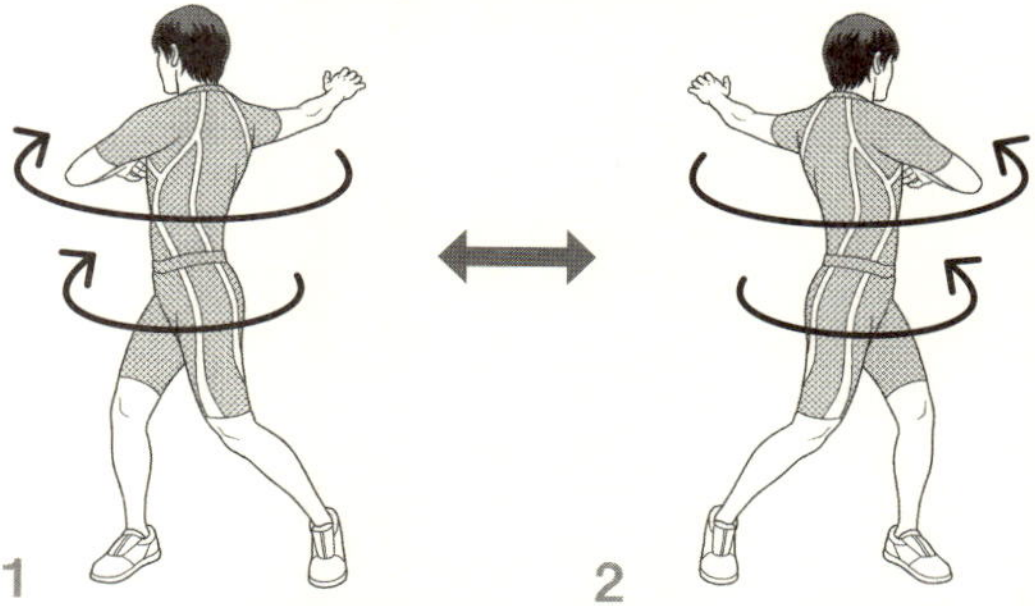

1
腰からのひねり、腕の振りを加えて全身で大きく動作する。

2
ダイナミックな動きで逆方向にも大きく全身をひねっていく。

体幹動作1分体操＋α《アルファ》の3種目
肩甲骨・股関節の体操

「体幹動作1分体操」の付録的な種目として、併せて行ってもらいたいものがあります。**腕の付け根部分の肩甲骨と、脚の付け根部分の股関節を大きく動かす体操です。**

腕や脚の根元というのは、体幹と同様、自分では動きを意識しにくい部分です。そのため動きが悪くなっていても気づきにくいのです。そこで、かんたんな体操を行うことで、腕、脚を根元から大きくしっかり動かせるようにコンディショニングをしていきましょう。こちらも1種目、10～20秒ほどでOKです。

腕は肩から先だけが動いているとイメージしている方が多いと思います。しかし、そうではありません。腕の根元の肩自体が、体幹に対して大きく動いているのです。

この腕の根元の肩の動きをつくっているのが肩甲骨です。肩を上下、前後させる体操で肩甲骨をしっかり大きく動かし、腕を根元から大きく動かせるようにしていきま

体幹動作１分体操 ④

肩甲骨体操

●往復5回
●1往復2〜3秒程度

◎肩上下体操（肩甲骨挙上・下制）

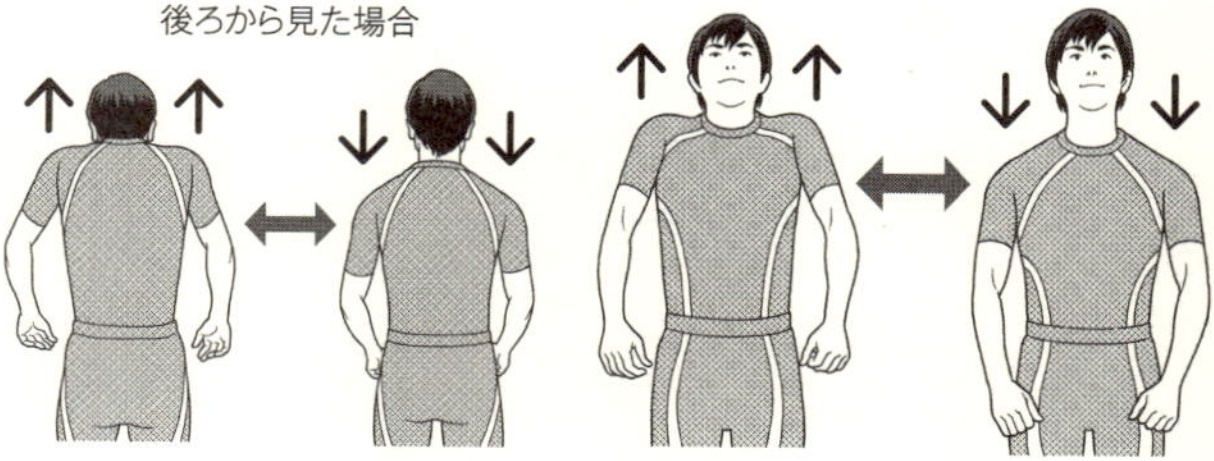

腕は力を抜いて下げておき、肩をゆっくりと大きく上下させる。

◎肩前後体操（肩甲骨内転・外転）

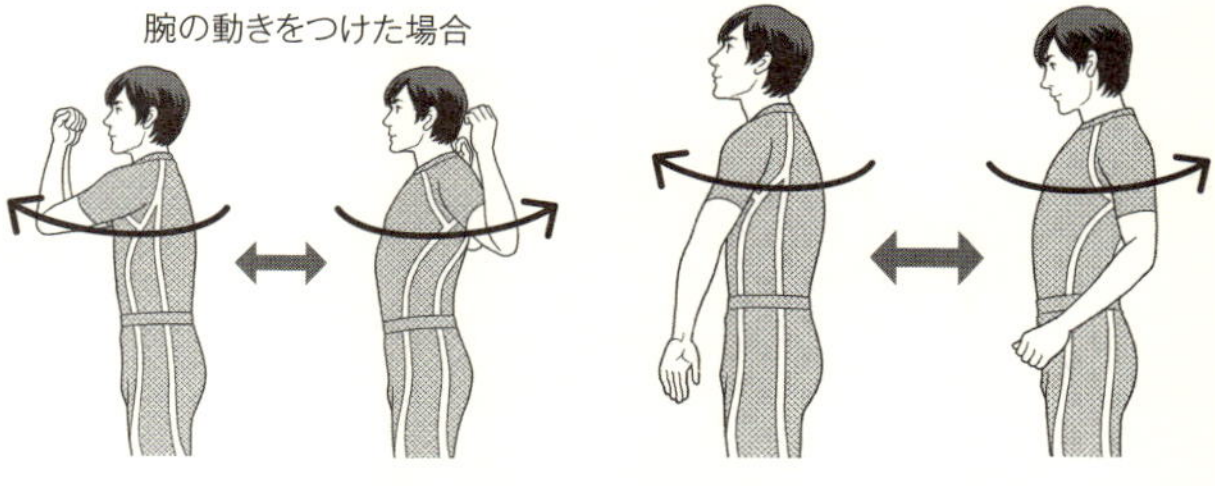

肩をゆっくりと大きく前後させる。前では背中を丸め、後ろでは胸を張るように。
慣れないうちは左図のように腕の動きをつけて行うと、肩を前後に動かしやすい。

す。

脚も同様に、付け根の股関節から大きく動かす体操で、膝先だけでなく根元から大きく動かせるようにしていきます。

腕、脚を手先、足先だけの小さな動きではなく、根元の肩甲骨、股関節から大きく動かせるようにすることで、全身の動きがダイナミックに快適に行えるようになるはずです。

体幹動作１分体操 ⑤

股関節体操

●往復5回
●1往復2～3秒程度

◎股関節前後体操（股関節屈曲・伸展）

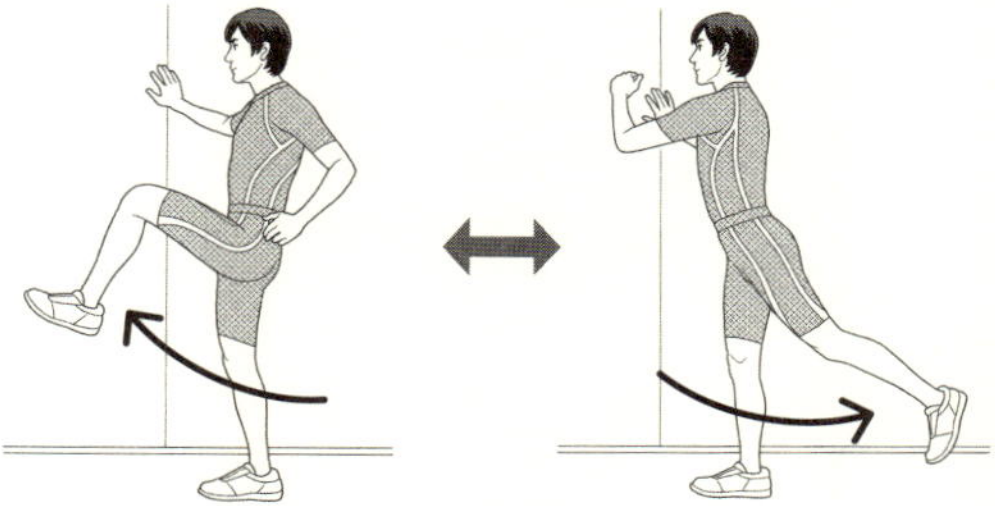

ゆっくりと大きく脚を付け根から前後に振る。グラグラしないように椅子や壁などに手をついて行う。

◎股関節左右体操（股関節外転・内転）

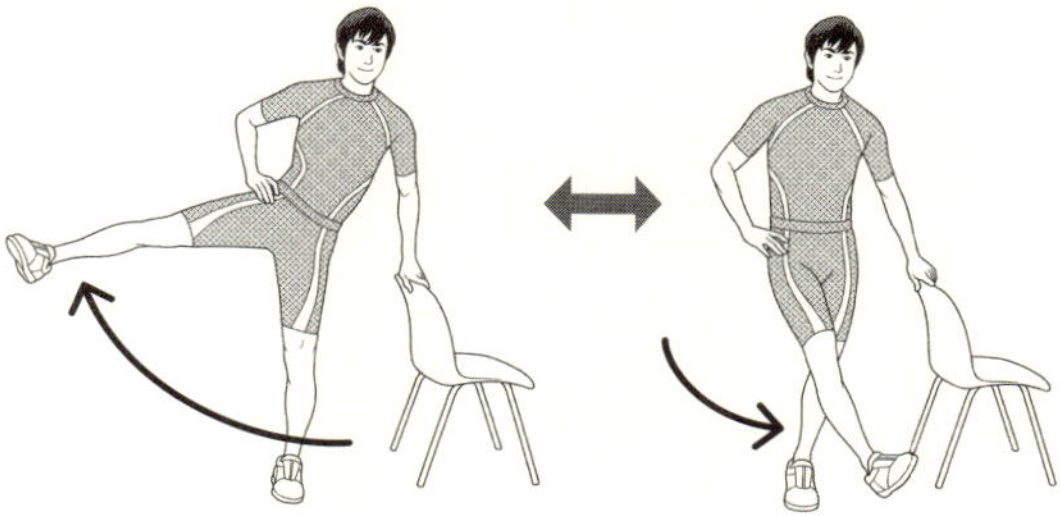

脚を付け根からゆっくりと左右に振る。グラグラしないように椅子や壁などに手をついて行う。

Short Column 03
ラジオ体操にもある「かんたん体幹・コア体操」の要素

「体幹動作１分体操」をやってみると、「ＮＨＫのラジオ体操に似ているな」という感想を持たれる方が多いと思います。

ラジオ体操にはここで紹介した体幹の動きや、肩甲骨、股関節の動きといった、意識しにくい体の中心部分を大きく動かしてほぐしていく要素がふんだんに盛り込まれています。言い換えれば、「体幹動作１分体操」はラジオ体操にも含まれる「コアの動作」の部分を強調して、その動作をよりしっかり行う体操といえます。

じゃあ、ラジオ体操をやっていればいいかというと、そうでもないのです。

体幹・コアは、意識して動かすのがむずかしい部分です。知らないうちに、動きが悪くなっている場合もあります。しっかりと動かすためには、体幹・コアの動きをより意識し、強調した方法が必要です。それが「体幹動作１分体操」なのです。

ラジオ体操は体を大きく動かす全身運動として大変優れた体操だと思います。しかし、ただ形だけ真似をしても、十分に体幹からの大きな動きを行うのはむずかしい場合もあるでしょう。

まずは「体幹動作１分体操」でポイントを押さえ、体幹がしっかり動かせるようになったらラジオ体操を行ってみてください。体幹・コアから大きく動ける理想的なラジオ体操の動きができるようになっていると思います。

2 体幹固定１分体操

アスリートも実践する土台づくりのメニュー

日常の生活でもスポーツにおいても、体を動かすという行為は主に手足を動かして行っています。この手足の土台・足場となるのが体幹です。**快適に動きやすい体をつくる上で、しっかりとした腕、脚の土台・足場を築くことが重要となります。**

腕や脚を動かす運動課題を与えると、その動きに先行して腹筋群などの体幹を支える筋肉群の筋活動が起こることがわかっています。腕・脚を動かす動作では、まずはその土台の体幹をしっかりと固定させて安定させる「土台を固める」動作をしているのです。

人の体は手足だけで勝手に動かすことはできません。快適にスムーズに手足を動かすには、体幹の固定をしっかり行う必要があります。つまり、**体幹をしっかり固定できるようになれば、手足を土台から自在に動かすことができるようになるわけです。体が動きやすくなれば、それだけ体は快適になり、日常の活動量も増えるでしょう。**

近年、体幹をしっかり固定させることの重要性がスポーツの世界でも注目されてきています。ここで紹介する「体幹固定1分体操」はアスリートの間でもよく行われているトレーニング法をソフトな内容にアレンジしたものです。

「体幹固定1分体操」は、**体幹を前向きの姿勢で主に腹筋群で支える「フロントブリッジ」と、後ろ向きの姿勢で主に背筋群で支える「バックブリッジ」の2つの動作がメインです。**さらに応用種目として、横向きで主に脇腹の腹斜筋群で支える「サイドブリッジ」も紹介します。

いずれの種目も**お腹周りの筋肉を意識して体幹をしっかり固めたら、その状態を10〜20秒ほどキープします。**終わったらストレッチで10〜15秒ほどゆっくり伸ばします。20秒がラクにできるようになったらレベルアップバージョンに挑戦してみてください。

体幹固定1分体操 ①

フロントブリッジ　●10～20秒姿勢をキープ

◎ノーマル

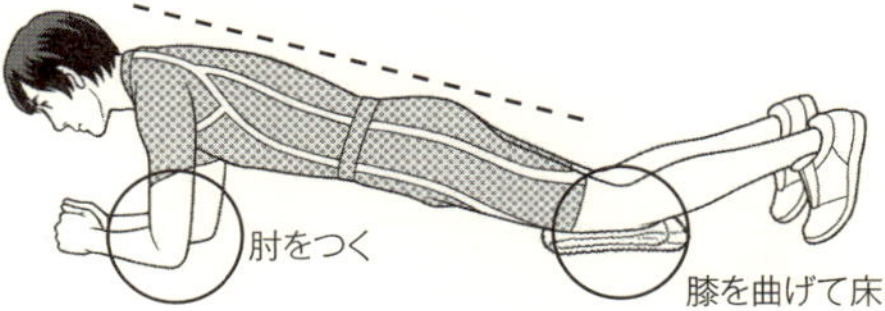

◎レベルアップ

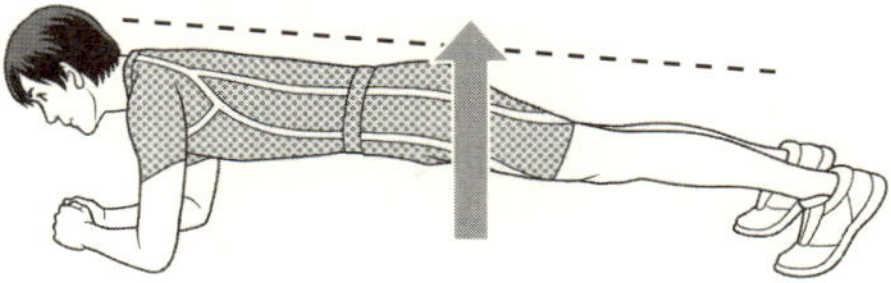

うつぶせの姿勢で肘をついて腰を浮かせ、おへそを締めるようにして体幹を固定させ、そのまま10～20秒キープする。膝をつけた状態がノーマルレベル。20秒がラクにできるようになったらレベルアップしよう。床についた膝が痛む場合には、タオルなどを敷くとよい。

◎ストレッチ

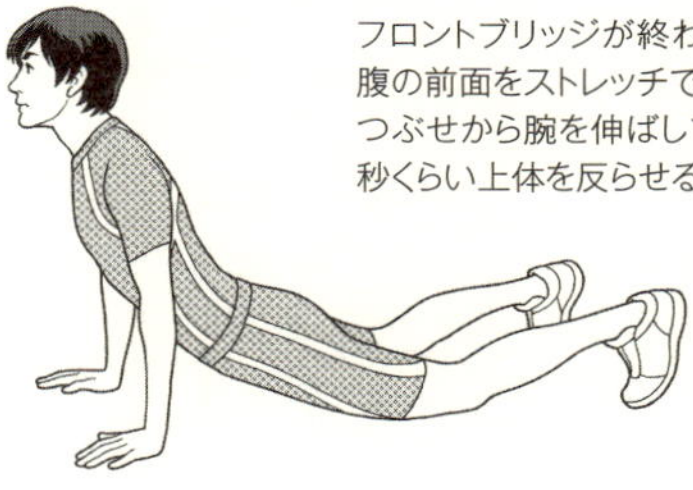

フロントブリッジが終わったら、お腹の前面をストレッチで伸ばす。うつぶせから腕を伸ばして10～15秒くらい上体を反らせる。

体幹固定１分体操 ②

バックブリッジ ●10～20秒姿勢をキープ

◎ノーマル

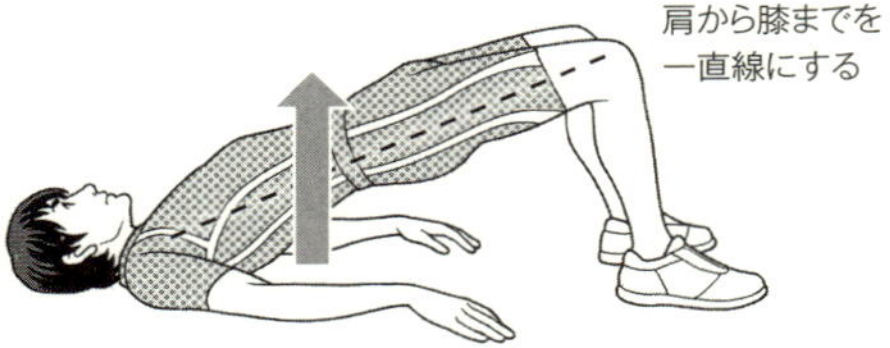

◎レベルアップ

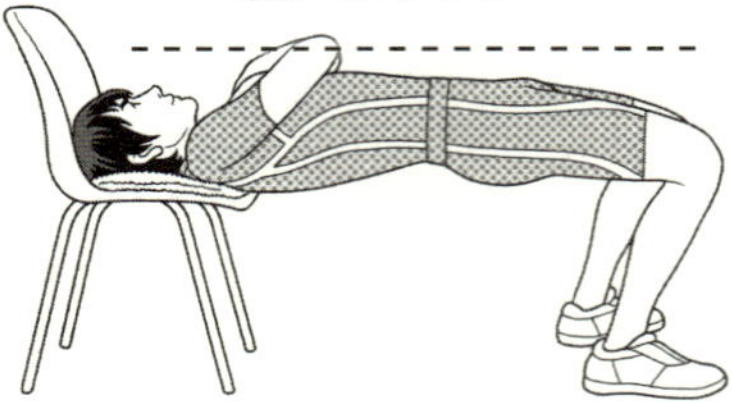

仰向けになった状態で肩をつけたまま腰を上げ、肩から膝までが一直線になるようにして10～20秒キープする。20秒がラクにできるようになったら、椅子やソファに肩をのせた状態で行う。肩はしっかりのせること。

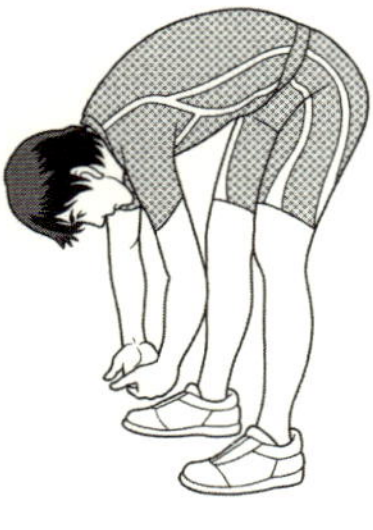

◎ストレッチ

バックブリッジが終わったら、背面をストレッチ。立ったまま背中を丸め込むようにして10～15秒くらい前屈する。

体幹固定1分体操③（応用種目）

サイドブリッジ　●10～20秒姿勢をキープ

◎ノーマル

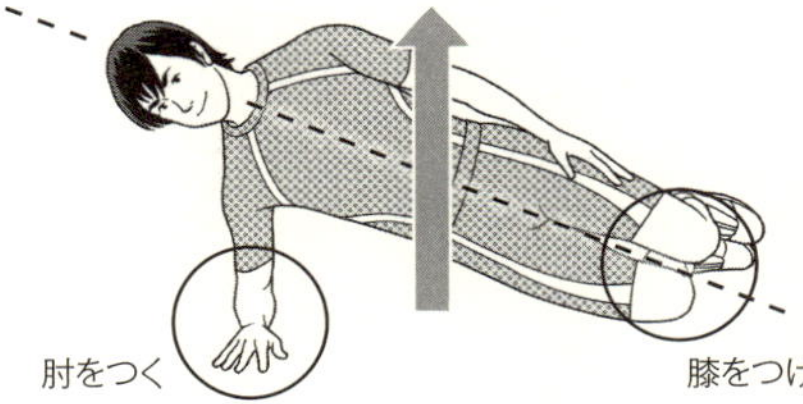

◎レベルアップ

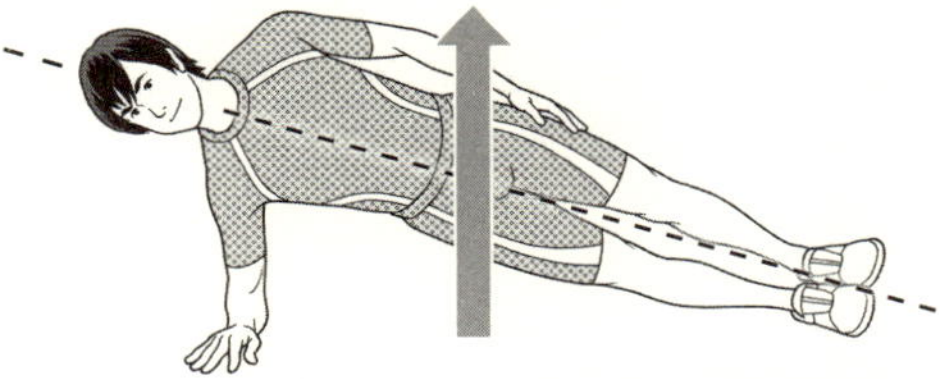

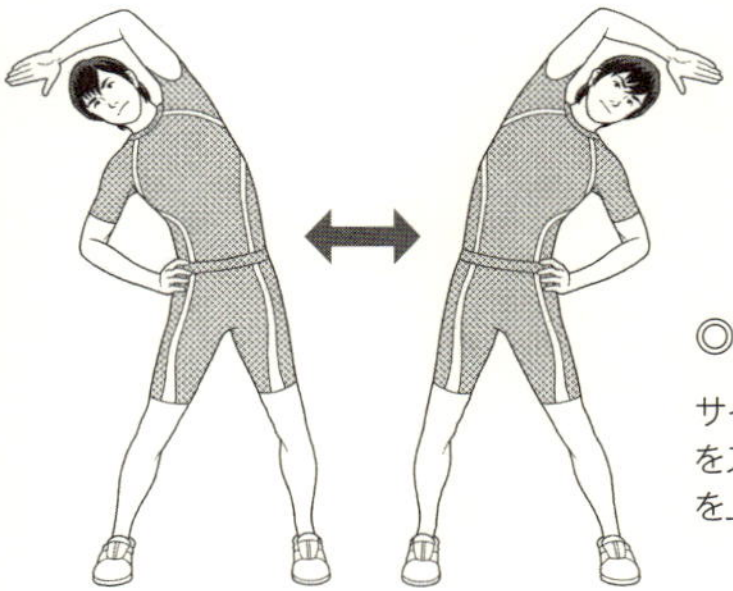

横向きの状態で腰を浮かせ、お腹の周りの力で体幹を固め、腰を浮かせて姿勢をキープする。ノーマルレベルは膝をついて行う。20秒がラクにできるようになったらレベルアップしよう。

◎ストレッチ

サイドブリッジが終わったら、体幹の側面をストレッチする。片側10～15秒。片腕を上げ、もう片方の手は腰に置く。

1種目あたり10～20秒が2種目なので、ストレッチと合わせても1分ちょっとでできます。

姿勢を正すことはお腹やせにつながる

背すじの伸びたきれいな姿勢は見ていて気持ちがいいものです。その逆に背中の丸まっただらしない姿勢は見苦しいもの。

第2章でも触れたように、背すじの伸びたよい姿勢は、背骨のS字カーブを体幹の腹筋群・背筋群で前後から支えることで保っています。適正なS字カーブをつくるには、まずは体幹自体がしっかりと動くようにする必要があります。きちんと動かなければ背骨のラインを整えることができないからです。これには「体幹動作1分体操」

が役立ちます。

そしてもう1つは、整えた背骨のラインを前後からしっかりと支える筋力が必要となります。「体幹固定1分体操」で、体幹をしっかりと支える筋力とその感覚を身につけましょう。

また、**きれいな姿勢の維持にはお腹周りの筋肉が常に働いています。「体幹固定1分体操」で体幹をしっかり固めて支える感覚を覚えたら、普段の生活から「お腹周りを意識して姿勢を支える」ように心がけてみましょう。**

立っているときも、座っているときも、常にお腹周りを意識してシャキッと体幹を支えることを心がけるのです。1日中ずっと、というのは大変でしょうから、思い出したときに意識するくらいで大丈夫。最初は大変かもしれませんが、慣れてくれば自然にできるようになってきます。

よい姿勢を保つことは、お腹やせをはじめ、さまざまなメリットがあることはここまでに示したとおりです。第2章でも説明しましたが、モチベーションを上げるために、もう一度おさらいしておきましょう。

よい姿勢で体幹をしっかり支えることで、体が快適に動くようになり、普段から活動的に動けるようになります。そのほかにも、

1・お腹周りの筋肉で姿勢を支えることによるお腹やせ効果
2・姿勢を支える作業によるエネルギー消費量の増大
3・姿勢改善による腰痛・肩こりの改善

などのさまざまなメリットがあります。

3 お腹凹ませ1分体操 ドローイン

体幹を「中から」支える腹横筋の働きを知る

体幹を支える主な筋肉は体幹の前後面にある腹筋群と背筋群ですが、実はもう1つ、重要な働きをしている筋肉があります。それは、「腹横筋」です。

腹横筋は腹腔《ふくくう》をぐるりと一周取り囲むように位置する、お腹の深部にあるインナーマッスルです（96ページの図）。腹横筋は息を吐く動作に使われる呼吸筋としての働きのほかに、お腹を引き締めて腹圧を上げることで体幹を固定する働きがあります。**お腹周りに巻いて締める〝コルセット〟の働きをする、というとわかりやすいでしょう。**

上半身の姿勢は背骨を直接「前から」「後ろから」支える腹筋群・背筋群だけでなく、

腹横筋

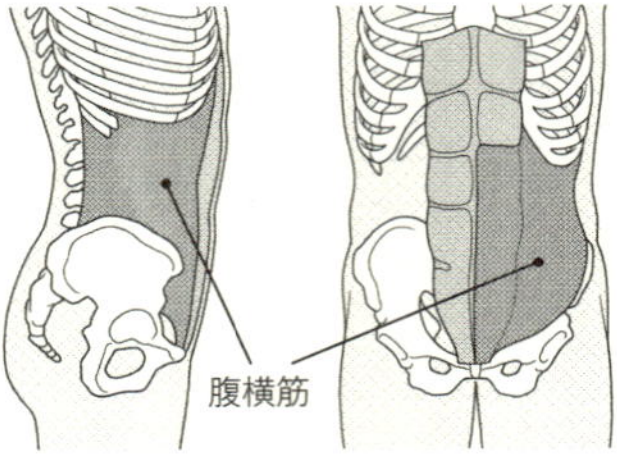

腹壁の断面図

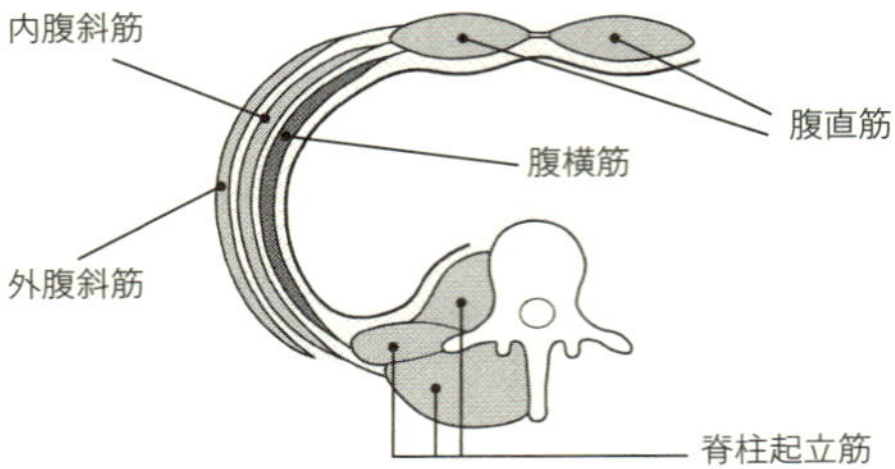

腹横筋による体幹の固定作用

腹横筋は、いわば自然のコルセット。お腹の内部をぐるりと取り囲んだ、この腹横筋を引き締めることで、腹圧が高まり、体幹が固定される。

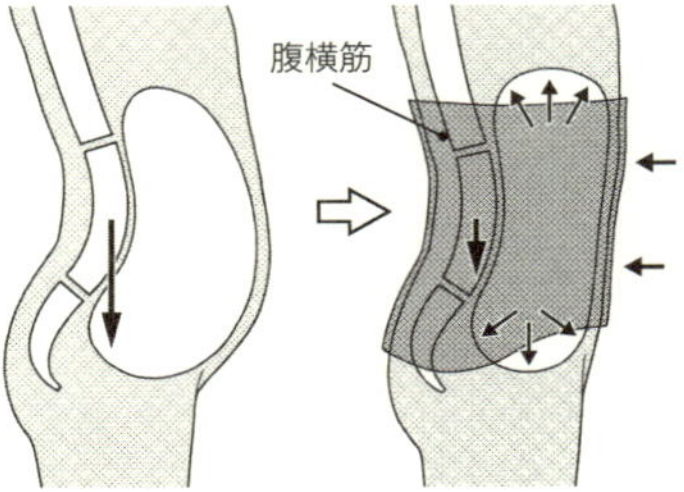

同時に腹圧を高めることによって「中から」も支えているのです。背骨を直接支える腹・背筋群が体幹を固定し姿勢を支える「表の主役」とするなら、中から支える腹横筋は「陰の主役」とも言えます。お腹やせの秘密兵器と言ってもよいかもしれません。

腹横筋の動きを覚えるドローイン

腹横筋は体の深部にあるため、意識して使うことのむずかしい筋肉です。そこで、腹横筋をきちんと使えるようにするために行う「ドローイン」という「お腹凹ませ1分体操」を紹介しましょう。

ドローインとは、英語で「draw-in：引き込む」こと。もともとは腰痛など腰周りに問題を持つ患者に対して理学療法の現場で行われてきた運動療法で、腹横筋を使えるようにすることで適正な姿勢を維持する能力を高め、腰痛などの症状を和らげていました。

こう書くとむずかしそうに聞こえるかもしれませんが、**お腹凹ませ体操そのものはとてもかんたんです。お腹をキューッと引っ込める動作をすればいいのです。**きついズボンをはくときや、ビーチなどで出っ張ったお腹を細く見せようとあわてて引っ込める動作と同じ動きです。

「お腹凹ませ1分体操」では、このお腹を引っ込める動作を少し長めに、キューッと10秒から20秒間、凹ませた状態をキープします。立ってやるよりも、仰向けに寝てやるほうがお腹の力を抜いて腹横筋の動きに集中できるので、難易度が下がります。

まずは導入編として、寝転んで行う方法からはじめてみましょう。できるようになったら立ってお腹を凹ませる方法へと移行します。

お腹の凹み具合を確認できるベルトを使った方法を行ってもよいでしょう。これを1～2セット行います。20秒を2セット行ったとしても、時間は1分に満たない程度です。

ドローインによるお腹を凹ませる体操を行うことで、普段、十分に使えていない腹横筋をしっかり使って、体幹を「中から」も支えられるようになります。また、インナーマッスルの腹横筋が使えるようになることで、その周りでいっしょに働く腹筋群・背筋群も同じようによく働く効果が期待できます。

このドローインと呼ばれる体操は、**腹横筋の「中から体幹を支える」という本来の仕事を取り戻す意味から、「腹横筋再教育」などとも呼ばれます。**

スポーツの現場においても体幹を固定することの重要性から、腹横筋を使うドローインは注目を集めています。アスリートの間でも近年盛んに取り入れられている体操なのです。

お腹凹ませ１分体操①

ドローイン　●10～20秒姿勢をキープ

◎床ドローイン（導入レベル）

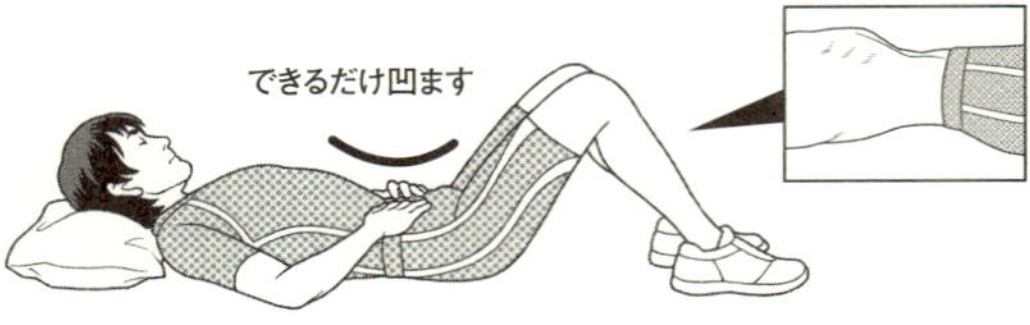

大きめの枕を用意して寝転び、膝を立てる。お腹を凹められるところまで凹めて10秒～20秒キープ。

◎ノーマル・ドローイン（基本レベル）

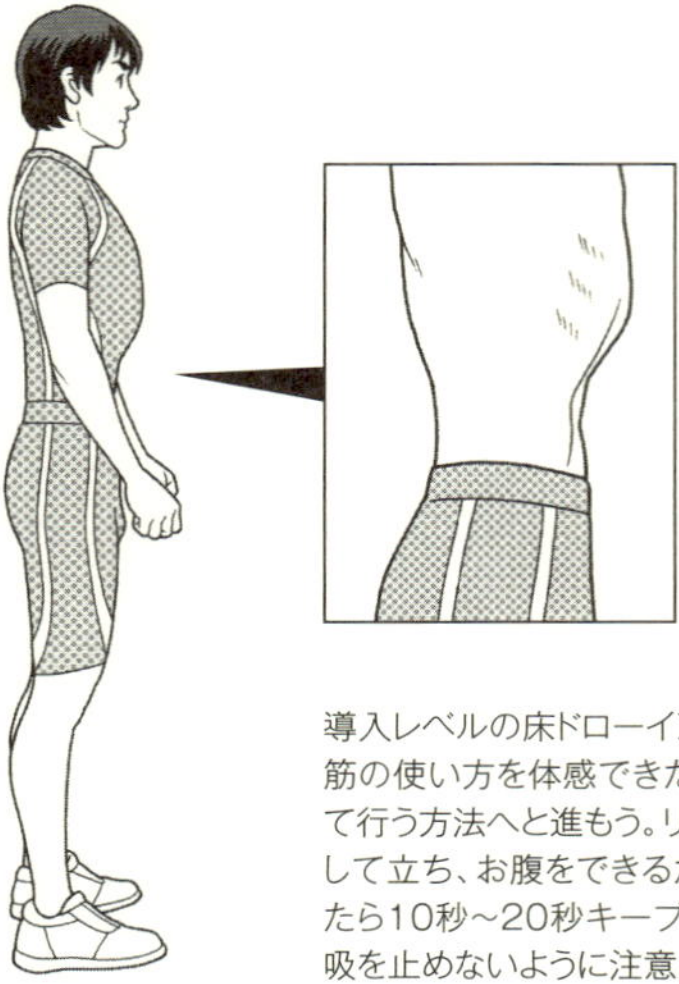

導入レベルの床ドローインで腹横筋の使い方を体感できたら、立って行う方法へと進もう。リラックスして立ち、お腹をできるだけ凹めたら10秒～20秒キープする。呼吸を止めないように注意。

お腹凹ませ１分体操 ②

ドローイン ●10～20秒姿勢をキープ

◎ベルト・ドローイン

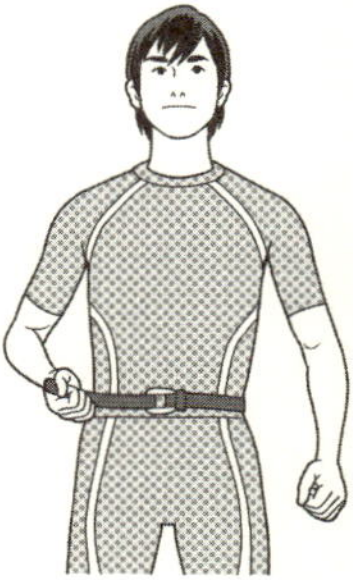

1. おへその位置に合わせて
ベルトを巻く。

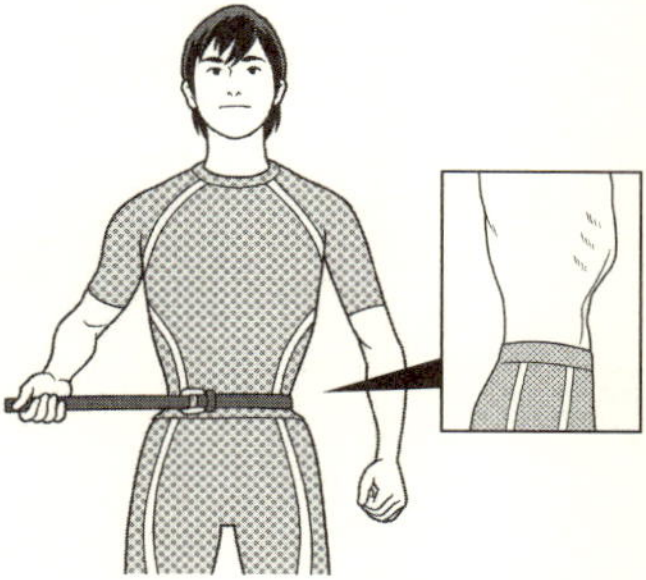

2. できるだけお腹を凹ませて
ベルトを締めていく。

ベルトを使ったドローインの方法。
お腹を凹ませた状態をキープし、
ベルトのきつさを感じないようにしなくてはならない。

3. お腹を凹ませた状態を
10～20秒キープする。

即効でお腹が凹む
ドローインのウエストマジック

「お腹凹ませ1分体操」で行うドローインには、お腹を凹ませる、即効性と持続性の2つの効果があります。

●ドローインの即効性

腹横筋はお腹を絞り込む自前のコルセットやガードルのようなものです。ということは、腹横筋がしっかり使えるようになれば、ガードルの作用でウエストはすぐに細くなります。「お腹凹ませ1分体操」を行うことで、その場で何cmかウエストが細くなることも珍しくありません。まさにウエストマジックです。

ただし、これはお腹の脂肪が落ちるという本質的なお腹やせとはもちろん違います。お腹をガードルで絞り込んだ分、臓器や脂肪が上に移動しただけのこと。お腹の皮下脂肪や内臓脂肪が減ってやせたわけではありません。マジックにはタネがつきものです。

とはいえ、その場ですぐにウエストラインが締まることは、大きなモチベーションとなるでしょう。

●ドローインの持続性

ドローインによって腹横筋がしっかり使えるようになって姿勢が改善すれば、普段から姿勢維持のために腹横筋や、腹・背筋群を使って体幹を支えるようになります。

お腹周りの筋肉で体幹を支えるようになれば、姿勢維持の仕事をしている分だけ体は多くのエネルギーを使うことになります。またお腹周りの筋肉も普段から使うようになるので、お腹の脂肪が取れやすくなります。よく動く部分のほうが脂肪が燃焼しやすいと考えられるのは、前に述べたとおりです。

お腹周りでしっかり体幹を固定できるようになれば、手足の動きもよくなり、日常の活動もおのずと活発になるでしょう。

これらの持続性の効果については、「体幹動作1分体操」「体幹固定1分体操」のところでも説明をしたとおりです。

いつでもできるドローインで姿勢をリセット

「お腹凹ませ1分体操」で行うドローインはお腹を凹ませるだけの運動です。ですから、いつでもどこでも手軽に行うことができるのが大きなメリット。服を着ていればドローインの動きはそれほど目立ちませんので、人目を気にする必要もありません。

ドローインは腹横筋の「動きを覚える」体操ですから、回数を決めず、ちょっとした時間を利用して頻繁に行ってもよいでしょう。通勤途中に歩きながら、信号待ちで、電車の中で、デスクワークの最中、家の中では歯磨きの途中で、電子レンジの解凍待

お腹凹ませ1分体操 ③

ドローイン ●10～20秒姿勢をキープ

◎日常ドローイン

■電車の中

電車の中は外出時の格好のトレーニングジム。駅に着くたびに凹ませるなど、決めてやるのもよい。時間はいずれも10～20秒が目安。

■信号待ち

立ち止まった信号でも姿勢を正して朝からドローイン。もちろん歩きながらでもかまわない。

■デスクワーク中

姿勢が緩みがちなデスクワーク中にもドローインは効果的。だらけた姿勢をリセットしよう。

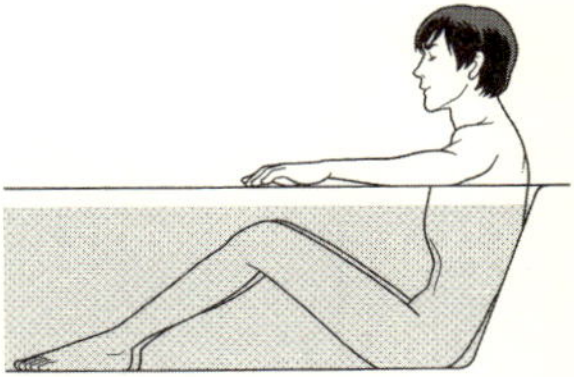

■入浴中

入浴中は水圧の効果でお腹を凹ませやすい。1日の締めにリラックスしながら集中してドローインできる。

ちなど、日常のあらゆる場面で取り入れることが可能です。

また、「お腹凹ませ1分体操」のドローインには、「姿勢を矯正する」「正しい姿勢を確認する」という要素もあります。ドローインでお腹を凹ませると同時に、「胸を張って背筋を伸ばしつつ、お尻を締めるようにして骨盤の前傾を抑えて適正な姿勢をつくる」ようにするとよいでしょう。

ドローインを行うたびに、背すじの伸びたシャキッとした姿勢にリセットできます。

4 かんたん体幹1分ストレッチ

体幹を支える筋肉群をじっくりメンテナンス

最後に3つの「かんたん体幹・コア体操」に加え、できれば行っていただきたい「かんたん体幹1分ストレッチ」を紹介します。全部で3種目、これも1分ほどで行えるかんたんな方法です。

1日を通して体幹・コアをしっかり動かし、支えてくれた筋肉群を、ストレッチでじっくり伸ばしてほぐしていきましょう。メンテナンスになるだけでなく、筋肉自体を伸びやすく柔軟にする効果や、背骨の関節内の構造部分の動きを大きく広げる効果もあります。体幹をより大きく、しなやかに動かせるようになるのです。

タイミングとしてはお風呂上がりの筋肉が柔らかくほぐれているときがおすすめです。

筋肉は、じっくり伸ばすほど力がよく抜けて柔らかくほぐれます。それによって血行が促進され疲れもよくとれますから、ストレッチではゆっくり、じっくりと伸ばすようにします。

メインの動きは体幹の動きのストレッチですが、脚の付け根の股関節から大きく伸ばし、股関節周辺の筋肉も同時に伸ばしていきます。

ゆっくりと痛みを感じない程度の強さで15秒ほど伸ばしてください。3種目（側面は左右行うので4種目）を行って、全部で1分ほどの時間になります。

ストレッチには筋肉の緊張を解くことによる精神的なリラックス効果もあります。とくに体のコアをなす体幹の筋肉をほぐす「かんたん体幹1分ストレッチ」は高いリラックス効果が期待できるでしょう。

リラックスすることの恩恵は、気持ちが落ち着く、安眠を導くなどの効果だけではありません。血圧を下げたり、血管を収縮させる内皮細胞に働きかけて動脈を柔軟に

かんたん体幹1分ストレッチ

◎体幹伸展ストレッチ

壁に手をついて体重をかけ、背中を反らせていく。お尻を突き出すようにすると、腰から背中をしっかり反らすことができる。リラックスして、この状態で15秒程度キープする。

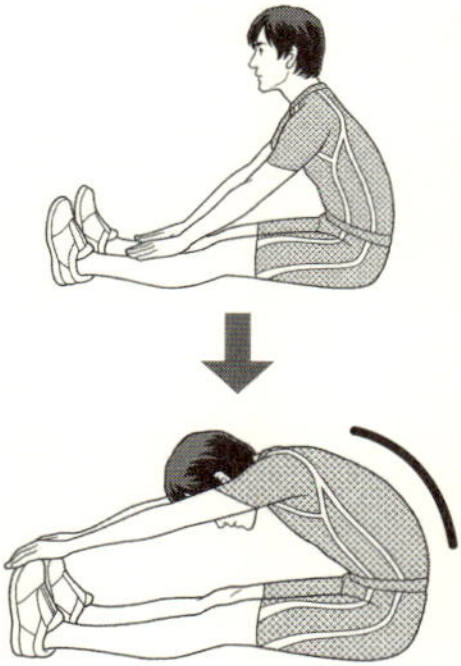

◎体幹屈曲ストレッチ

まずは背すじを伸ばした状態で、できるところまで前屈。これによって、しっかりと股関節を屈曲させる。続いて、そこから背中をできるだけ曲げて（体幹屈曲）前屈し、手を前に出していく。リラックスして、この状態で15秒程度キープする。

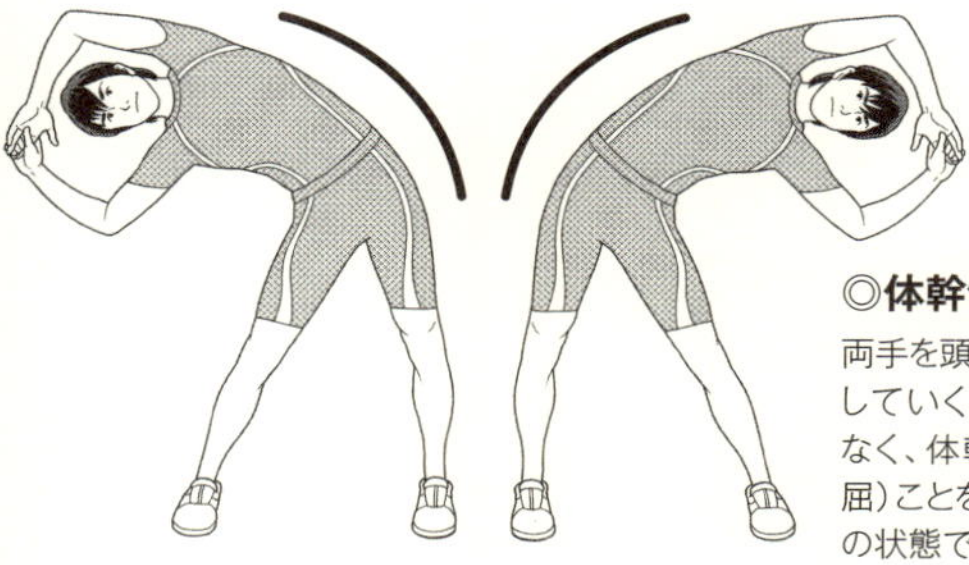

◎体幹側屈ストレッチ

両手を頭の上で組んで体を横に倒していく。腰から横に倒すだけでなく、体幹を横に曲げる（体幹側屈）ことを意識。リラックスして、この状態で15秒程度キープする。

するなど、動脈血管系に好影響を与える可能性もあります。筋肉が柔軟な人ほど動脈も柔軟であるという研究報告がありますが、これにはストレッチの動脈血管系に与える好影響が関係しているのかもしれません。

ストレッチの要素に呼吸法を組み合わせたヨガや真向法《まっこうほう》などは、リラックス効果がとくに高い方法と言えそうです。ここで紹介するストレッチも一度大きく深呼吸してから行うと、より高いリラックス効果が得られるでしょう。

「かんたん体幹・コア体操」を毎朝の習慣に

ここに紹介した「体幹動作1分体操」「体幹固定1分体操」「お腹凹ませ1分体操」の3種類の「かんたん体幹・コア体操」は、日常生活の中で習慣として行うことが何より大切です。

習慣化させるためには、体操をする時間を決めておくとよいでしょう。**時間帯としては1日がはじまる朝に行うのがおすすめです。**というのは、体幹・コアをコンディショニングして快適に動ける状態をつくるのがこの体操の目的だからです。

歯磨きなどと同様に身支度の1つとして朝の習慣に組み込んでしまえば、うっかり忘れる心配もないので好都合です。朝一番の体操で「体幹・コアから快適に動ける状態」をつくり、活動的な1日をスタートさせてください。

朝から快適に体が動くと、1日の充実度が違います。〝早起きは三文の得〟ならぬ、〝朝の「かんたん体幹・コア体操」こそが三文の得〟というわけです。

でも、朝は時間がなくて……という方もいるでしょう。しかし、この体操のよいところは1つの体操にかかる時間が短いことです。それぞれ1～2分かかるとして、3つ全部合わせても5分もあれば十分です。それほど大変なことではないと思います。

とはいえ、「体幹固定1分体操」など、かんたんな動作ではあるものの、それなりに頑張りが必要な体操もあります。朝一番の実行には抵抗を感じる人もいると思います。無理をして続かないほうが問題ですから、できる範囲で行うようにしましょう。

ただし、いちばんかんたんにできる「体幹動作1分体操」だけは、ぜひ朝に行っていただきたいと思います。ゆっくりと体操を行うことで体幹・コアがほぐれて、体が動きやすくなります。目覚めもきっとよくなるでしょう。

気をつけたいのは、朝はまだ体がこわばって動きにくい時間帯だということです。無理せずゆっくりとていねいな動作で行うようにしてください。

これは私の経験ですが、いつでもやっていいとなると、かえってやらなくなってしまいがちです。例えば、通勤電車の中では外から行っているのがわからない「日常ドローイン」を行う、お風呂前に「体幹固定1分体操」を行う、といった具合に、いつどのメニューを行うか決めておいたほうが習慣にしやすいと思います。可能ならば、風呂上がりのストレッチも取り入れてください。

実行のしやすさ、習慣化のしやすさは人それぞれです。**時間を決めてやるのが苦手**

な人は、気が向いたときにやるのでもいいのです。自分に合った方法を見つけてください。

Short Column 04
お腹やせには腹筋運動？

ここまでお腹やせのためのかんたんな1分体操を紹介してきました。しかし、お腹やせの運動といえば、これまでは腹筋運動が定番とされていました。

もちろんこれも１つの方法なのですが、腹筋運動だけでお腹やせを実現するのは実際のところかなりむずかしいのです。挫折した経験のある人もきっと多いことと思います。

その理由の１つは、運動が大変なために続けにくいということです。そしてもう１つは、腹筋運動が直接お腹の脂肪を燃やしてくれるわけではないということです。腹筋運動だけでみるみるお腹がやせるというようなことはまずありません。

腹筋運動がお腹やせにつながる理由は、お腹周りの筋肉をよく使うことでお腹周りの脂肪を、他の場所の脂肪よりも使われやすい状態にすることにあるでしょう。よく動かす部分の脂肪は使われやすくなることはこれまで述べてきたとおりです。

つまり腹筋運動でお腹やせを目指すなら、全身的にやせること（エネルギー消費の多い長時間の有酸素運動や食事制限、基礎代謝の上がる筋力トレーニングなど）と併せて行う必要があります。全身の脂肪を減らす中で、よりお腹周りの脂肪を優先して減らそうという戦略です。この考えは本書で提案していることと基本的には同じです。

全身的にやせる努力をしながら腹筋運動もしっかり行う。これならお腹やせも達成できるのですが、それができないからみんな苦労しているのです。そこで、もっと現実的な方法として本書では無理なく習慣にできるように「かんたん体幹・コア体操」を紹介しているわけです。

第4章

体を活発に動かす習慣づくり

普段の習慣から一生続けられる運動に

前章では、体のコアとなる体幹を十分に機能させるための「かんたん体幹・コア体操」をご紹介しました。普段から体幹をしっかり動かすこと、体幹の筋肉でピシッと背すじの伸びた姿勢を維持することで、お腹周りの脂肪が落ちやすくなる効果があることがわかりました。

しかし、**快適に動ける状態になった、お腹周りの脂肪が取れやすくなった、というところで終わってしまってはいけません。その一歩先にある、快適に動ける体でしっかりと動き、落ちやすくなったお腹の脂肪を消費するというところまでいかない限り**は、目に見えてサイズダウンするようなことはないのです。

では、何か運動をはじめればいいのでしょうか？　もちろん、運動をはじめるのは大変よい方法です。ただし、それが継続できるならば、です。続かないことを目標に掲げていても意味がありません。

本書の目的は「無理なく続けられる」一生ものの習慣を身につけることです。一生ものの凹んだお腹は、一生続けることでしか得られません。

運動をはじめなくちゃ、と気負う前に、まずは普段の生活から見直していただきたいと思います。ジムに行ったりジョギングをしたりするのも大事ですし、大きな効果も期待できますが、エスカレーターよりも階段を選ぶ、だらだら歩きからテキパキ歩きを目指す、すぐにタクシーや車を使わないといった日常の心がけ次第でも、運動量はずいぶん違ってくるからです。

また、スポーツジムに通っているからといって、普段まったく体を動かさないというのもよくありません。笑い話のようですが、週に1度か2度車でジムに来て、エレベーターで運動フロアに向かい、ちょっと体を動かしたらすぐにマッサージ機でくつろぎ、また車で帰っていくという人も実際にいらっしゃいます。

少しばかり運動の効果を手に入れられたとしても、普段の生活でほとんど動かないようではその効果も相殺されてしまいます。これではジム通いが何のためのものか、わからなくなってしまいます。

そもそも、テキパキ動かずにダラダラと過ごしていては、仕事もプライベートも充実しないでしょう。日常の生活においても、しっかり体幹から手足を振ってキビキビ動くことで、体も心もシャキッと充実したものになっていくはずです。

いつも万歩計をつけて意識的に歩こう

日常生活の中で、もっともエネルギー消費に影響する身体活動は「歩くこと」です。生活の中での身体活動量は〝歩数〟に反映されると考えてよいでしょう。

1日の歩数は万歩計をつけることで把握することができます。そこでみなさんにはぜひ毎日万歩計をつけて自分の日常の活動量を把握していただきたいと思います。活動的に動くことができているかどうかを万歩計の数値で評価するのです。

万歩計をつけて現状の数字が見えると、歩数を増やそうという気持ちがわいてくるものです。万歩計をつけた人は、ほかから何も指示されなくても日々の歩数が1000歩ほど増えるという報告もあるほどです。

万歩計をつけて歩数を意識することが、エレベーターやエスカレーターを使わずに階段を使ってみたり、仕事の休憩時間にちょっと散歩してみたりといった行動の変化につながります。家で何かが急に必要になった場合、今までは「お前買ってこいよ」とソファから奥さんに指示していたご主人が、万歩計をつけてからは、「お、じゃあ買ってきてやろう」と喜んでコンビニまで歩いていくようになったという話も聞きます（本当です）。こういった行動の積み重ねによって、自然に歩数が増えてくるのです。

万歩計は高価なものではありません。また最近は、腰につけずポケットやバッグに入れておくだけできちんとカウントしてくれるタイプのものも出ていますので、お出かけのときの服装も気になりません。

1分間の「かんたん体幹・コア体操」で、快適に動ける体、お腹の脂肪が取れやすい状態をつくる。そして万歩計の歩数が増えるように、普段から活動的に過ごすことを習慣づける。この2つを続けることで、一生ものの凹んだお腹を目指していきましょう。

「1日1万歩」には科学的な根拠があった

では、万歩計を身につけたあなたにとって、1日あたりの目標の歩数としてはどれくらいが妥当でしょうか？　万歩計の名のとおり、目安として「1日1万歩」を目標としていただきたいと思います。

何日か測ってみたら1万歩に大きく及ばず、5000〜6000歩程度だったという人は、〝現状＋２０００歩〟くらいからはじめて徐々に増やしていきましょう。決して無理はせず、とはいえ着実に進めていきましょう。

厚生労働省の「国民健康・栄養調査」（平成24年）によると、現在の日本人男性の１日の平均歩数は７０００歩程度だそうです。つまり、１万歩を目指すには、普段よりも３０００歩ほど余計に歩かなくてはなりません。３０００歩の運動量は、だいたい30分程度の散歩に相当します。エネルギー消費量に換算すると体重70kgの人でおよそ70～80キロカロリーくらい。

「なんだ、たいしたことないじゃないか」と思われるかもしれませんが、これが毎日続くとかなり違ってきます。単純計算で、１年で４kg程度の脂肪が落ちる計算になるのです。実際には体重は一定に保とうという恒常性が働くと考えられますので計算どおりにはならないと思いますが、習慣にすることで体が変わってくることは間違いありません。

「１日１万歩」という数字は、このくらい歩いていれば健康に過ごせるという目安として言われ続けてきましたが、実は生活習慣病予防といった健康維持・増進の意味で

科学的な根拠があるのです。

あまり知られていないのですが、厚生労働省は国民が病気にならずに健康に過ごせるための「運動基準」を定めています。現在の基準は2006年に改訂版として定められたもので、「健康づくりのための運動基準2006（エクササイズガイド2006）」と言います（以下「運動基準」と表記します）。

この「運動基準」は世界中の疫学研究をもとに定められたもので、「週23エクササイズの活発な身体活動」によって生活習慣病のリスクを低減できることを示しています（次項参照）。

その「週23エクササイズ」を1日の歩数に換算すると、ちょうど8000～1万歩くらいに相当するのです。

（「健康づくりのための運動基準2006」は、2013年に更なる検討を加えて「健康づくりのための身体活動基準2013」として策定されました。基準値も見直しがされましたが、結果として2006年基準から変更しないものとされました。）

日常の身体活動も運動のうち

厚生労働省の「運動基準」の話が出ましたので、ここで少しその中身について解説しておきましょう。メタボ健診でひっかかった人の中には特定保健指導を受けている方もいらっしゃると思いますが、その指導内容の運動に関する部分のベースとなっているのもこの運動基準です。

この基準の目的は「心筋梗塞、脳卒中、糖尿病などの生活習慣病のリスクを下げる」ことにあります。

生活習慣病は運動を行うことでそのリスクを低減させることができます。運動することにより、やせて内臓脂肪が減ること、血液・血管の状態が改善すること、筋肉の代謝機能（さまざまなエネルギー反応の進みかた）が上がること、また持久的な体力が向上することなどが関係していると考えられています。

厚生労働省は2006年にどれだけ運動していれば生活習慣病のリスクを抑えられるかという視点から、日本人の運動所要量を「運動基準」で定めました。

これは国立健康・栄養研究所の田畑泉健康増進プログラムリーダー、宮地元彦運動ガイドラインプロジェクトリーダーらの研究グループによって、世界中の生活習慣病と運動に関する疫学調査を報告した学術論文（現在発表されている8134本に基づく）から策定されたものです。疫学とは、実際に起こった病気の発症や死亡などの状況を調査した研究のことです。

そこで示された運動所要量が、先ほども少し示しましたが、「週23エクササイズ以上の身体活動をしましょう。そのうち4エクササイズは活発な運動をしましょう」というものです（ここでいう1エクササイズとは運動量の単位のことで、例えば急ぎ足で15分歩く、水泳を7～8分行う、自転車に15分乗る、階段昇降を15分行うといったものに相当します）。

具体的には、おおむね「毎日8000～1万歩くらいの日常の〝身体活動〟と、週に30分～1時間くらいのジョギングなどの意図的な〝運動〟を行いなさい」と言い換えることができます。

この運動所要量は、実際に生活習慣病の罹患率《りかんりつ》が低下する「境界値」によって設定されています。歩数が多いほど、よく運動をするほど生活習慣病になる割合は下がるのですが、境界値とはその効果が表れる最低値ということです。

つまり、家でじっとしていてほとんど動かない人と比べて、生活習慣病の発症リスクが明らかに下がるために必要な身体活動量は「１日の歩数なら８０００～１万歩」、運動習慣のまったくない人と比べてリスクが明らかに下がるために必要となる運動は「週に30分～1時間の運動」ということになります。

この基準値はリスクが下がりはじめる最低のラインを示しています。運動量がさらに増えればリスクはもっと下がるのですが、まずはこのラインをクリアすることを目標と定めているのがこの指針なのです。

ここで注目していただきたいのが、意図的な運動も大事ですが、それ以上に日常生活から「活発な身体活動を行うこと」を呼びかけていることです。

例えば、ＡＣＳＭ（アメリカスポーツ医学会）では健康増進のためには20～60分の有酸素運動を週に3〜5回、8〜10種目の全身の筋力トレーニングを週2〜3回行うことを推奨しています。しかし、これはまるで学生時代の部活動並みのハードさです。国民の健康増進を目的とした場合、あまりにも現実と乖離《かいり》してしまっています。

厚生労働省の「国民健康・栄養調査」(平成24年)によると、定期的な運動習慣を持つ人の割合は20〜50代では20％程度であることを考えると、ACSMの推奨する運動は国民の2割程度にしか呼びかけができないことになります(その中での達成率はもっと下がるでしょう)。

そこで、意識的な運動でなく、日常生活の中での身体活動を活発にすることにも生活習慣病の予防効果があるのではないかという視点から、身体活動量と生活習慣病リスクとの関係性が調べられました。その結果、「習慣的な運動を行うことも大事だが、日々の身体活動量も有効である」とわかったわけです。

週に何回も運動するのは大変ですが、日常での身体活動を1日に8000〜1万歩を歩くくらいの活発さをキープして、また、週に1回、1時間程度の運動をすることで生活習慣病のリスクを下げられるのならば、運動が苦手な人でも「ひとつ自分の健康のためにやってみようか」という気持ちになるのではないでしょうか。

私たち人間にとって、起きている時間すべてが運動

多くの人が、健康・美容のために運動をしたい、するべきだと思っています。しかし、実際に習慣として運動を行っている人は5人に1人しかいません。

その理由の1つは、運動不足がたたって「体の動きが悪くなっている」ことによる悪循環。そしてもう1つの理由が、「忙しい」ということです。

内閣府の調査によると、運動を習慣化できない理由の多くは「忙しくて時間がとれない」からだそうです。普段の生活において、わざわざ運動のためだけの時間をとることができないというのです。たしかに忙しいと運動をしようという気持ちのゆとり

さえ持つことがむずかしいのでしょう。

それなら逆に、運動の時間をつくるのではなく、日常生活の中での活動を増やすようにしてはどうでしょうか、という話になります。さきほども述べたように、厚生労働省の運動基準でも、日常の生活活動においても工夫次第で生活習慣病予防の効果があることを示しています。

私たち人間は「動物」ですから、起きている間は立ったり歩いたりと、基本的には常に動いています。ということは、毎日の通勤や通学、自転車に乗っての買い物、掃除といった生活活動も含め、起きている時間はすべて運動なのだと考えることができます。

運動習慣に関係なく、日常の生活活動でよく動く人は、座りっぱなしであまり動かずに過ごしている人よりやせている、という研究報告もあります。テキパキとよく動くことで、運動をしているのと同じようにエネルギーを消費する、つまりはやせられるというわけです。

1分間の「かんたん体幹・コア体操」を行っていれば、コアから動ける快適な体を手に入れられます。その体を普段からキビキビと活発に使うことは、忙しくて時間のない人でも意識していればできるのではないでしょうか。日常の生活活動も運動のうちと考え、起きている間の身体活動を充実させましょう。

股関節を大きく使ってカッコよく歩く

「かんたん体幹・コア体操」でコアから快適に動ける体をつくったら、「日常からテキパキと動くことを心がけよう」「１日の活動量を１万歩以上になるようにしよう」というお話をしてきました。

ここでは元気よく動く、歩くためのいくつかのポイントについて説明したいと思います。普段から元気よく歩ければ、通勤途中や営業回りで歩く道のすべてがあなただけのスポーツジムになるでしょう。

1・お腹、おへそを意識して姿勢を正す

まず胸を張ってあごを引き、背すじを伸ばします。そしてその姿勢をお腹周りの筋肉を使ってしっかりとキープします。これで、手足を動かす土台となる体幹が安定しました。

歩くときは、手足をしっかりと大きくリズミカルに動かすようにします（左ページの図）。このとき、**とくに意識してほしいのが「お腹、おへそのあたりを意識する」ことです。昔から、中国武術や東洋医学でもへその下あたりを臍下丹田《せいかたんでん》と呼び、そこを意識することの重要性を説いています。**

ジャイアント馬場さんのハイウエスト・タイツの話をしましたが（69ページのコラム参照）、日本の伝統芸能の歌舞伎などでも着物の帯をへそのあたりでキュッと締め

姿勢よく歩く姿はカッコいい

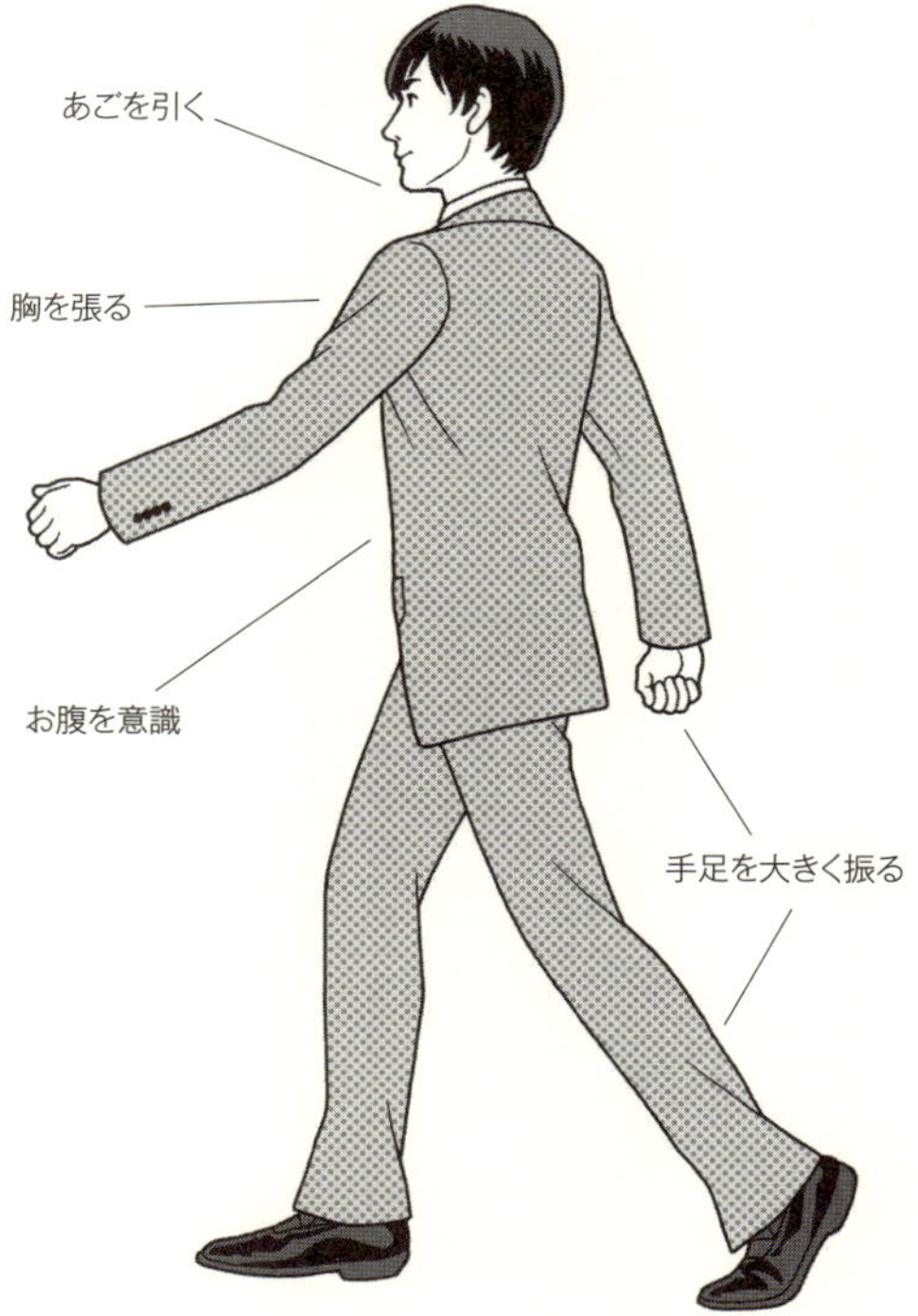

ることで臍下丹田を意識しやすくなるということです。

おへそのあたりを意識しながら姿勢を正して元気よく歩きましょう。慣れてくるとくに意識しなくても自然にできるようになってくると思います。

姿勢を正して颯爽《さっそう》と歩く姿は、誰が見ても気持ちがよく、カッコいいものですよ。

2・膝先ばかりでなく「股関節で歩く」

手足を大きく振って歩くには、「股関節で歩く」ように心がけます。

股関節とは脚の付け根の関節のこと。股関節で歩くというのは、「脚を根元の股関節から大きく振って歩きましょう」ということです。

欧米人が股関節から大きく歩くのに比べて、日本人は膝先ばかりでちょこちょこ小さく歩く人が多いと言われます。体型が違っても、根元から大きく脚を振れば歩幅は大きくなります。歩幅が広がれば、歩く速度も上がります。何より股関節から大きく歩けると気持ちがよいものです。

振り出す脚を意識して歩く「大腰筋ウォーキング」

後ろ脚の膝を前に
強く押し出す

そこで、股関節から大きく脚を振って歩くための方法を2つ紹介しましょう。

1つは脚を根元から大きく振る股関節前後体操（85ページ図参照）を行って、股関節から脚を動かす感覚をつかむことです。股関節を動かす感覚を覚えることで、普段の歩く動作から股関節が大きく使えるようになります。

もう1つは、振り出すほうの脚の動きを意識して歩く「大腰筋《だいようきん》ウォーキング」で歩くことです（上図）。歩くという動作は、脚で地面を後ろに蹴る動作と、その反対側の脚を前に振り出す動作を同時に行います。両方の動きを意識するのはむずかしいので、ここでは前に振り出す動きのほうを意識して行うのです。

脚を前に振り出す働きを持つ主な筋肉は、下腹の深部にある大腰筋と腸骨筋《ちょうこつきん》（合わせて腸腰筋）という筋肉です。この2つの筋肉を使った動きを意識的に行うので「大腰筋ウォーキング」と言います。

歩き方は「振り出す脚を意識的に強くする」という方法なのですが、そのタイミングがポイントになります。地面を蹴った後ろ脚を、〝後ろから前に振り戻しはじめるとき〟強く振り出すことを意識します。膝を後ろから前に強く送り出すような感覚です。大腰筋、腸骨筋が強い力を発揮するのは、主にこの後ろ脚を前に振り出しはじめる瞬間だからです。

膝を後ろから前に送り出す意識で歩くようにすると、股関節から強く脚が前に出るようになります。振り出す脚につられて蹴り脚の振りも自然と強く大きくなるため、歩幅も速度も上がります。

３・身軽に動ける歩きやすい靴を履く

活動的に行動するには、靴の選び方も大切です。革底のビジネスシューズでは滑りやすくて歩くのが大変ですし、靴が固いので靴ずれを起こしてしまう可能性もあります。テキパキと活動的に過ごすにはまずは足元からです。

最近は普通のビジネス用革靴の外観でありながら、ゴム底で、まるでスニーカーのような履き心地のものもたくさん出回っています。

おしゃれの面ではビシッと決まった革靴もカッコいいのですが、これからの時代はむしろスニーカータイプの歩きやすい靴のほうが、身軽に動けて機動力のある「仕事のできるカッコいい男」のスタイルになるのではないかと思います。スニーカータイプのものへ履きかえてはどうでしょうか。

また、形から入るというのもよいきっかけになりませんか？　この機会に、普段履きの靴も、ビジネス用の靴も思い切ってちょっと立派なカッコいいものに新調というのも悪くありません。

積極的に階段を使おう

町を歩いていてもビルの中でも、歩く場所は平地のみではありません。エレベーターやエスカレーターを利用する機会は意外に多いと思います。そこで、普段の生活の中で、エレベーターやエスカレーターの使用をできるだけ避け、階段を使うようにすることで活動量を増やすことができます。

階段をよく使えば、それだけ運動量は増えます。筋肉にかかる負荷も大きくなるのでちょっとした筋トレにもなり、足腰強化にも役立ちます。

便利さのあまり、**1つ上の階に上がるだけでもエレベーターを使う人も多いようです。これは自分の体のためにも、地球のためにも（ムダなエネルギー消費、CO_2問題ですね）階段を使うようにしましょう。**せめて2つ上の階くらいまでは階段を使っていただきたいと思います。

また、エスカレーターも同様です。**エスカレーターを使う場合でもただ乗るのでは**

なく、エスカレーターを歩いて昇り降りする癖をつけるとよいでしょう。こういった心がけで、運動量はずいぶんと変わってくるものです。

ただし、エスカレーターは安全上の理由で本来は真ん中に立ってしっかり手すりを持ち、動かないで乗るのが正しい乗り方だそうです。ですからあまり乱暴に駆け上がったり降りたりはせず、周りの人の迷惑にならない程度に昇り降りするよう注意してください。

反動動作を使えば、階段もスイスイ

「階段を積極的に使いましょう」といっても、普段体を動かさない人にとってはかんたんなことではないと思います。そこで、階段をスイスイ昇るのに役立つ、ちょっとした体の動かし方のコツを紹介しましょう。筋肉、腱のバネを使った「反動動作」による階段の昇り方です。

私たちの筋肉・腱には弾性力、つまりバネ作用があります。これを上手に使うと、体を要領よくダイナミックに動かせるようになります。このバネ作用を生み出すのが「反動」を使った動きです。

例えば、椅子から立ち上がる動作では、脚の力だけでそのままスッと立ち上がるのではなく、必ず一度お辞儀をするように上体が前かがみになる動きをしてから立ち上がります。体を起こして立ち上がる動きの前に、それと反対の動作、「反動」を使うのです。この体を前に倒す反対向きの力を筋肉、腱がバネ作用で返すため、スッと体を起こして立ち上がることができます（85ページの図）。

バネを使った反動動作のポイントは、お辞儀をしてから体を起こす動作へと「動きを反対向きに切り返す」瞬間にポンと力を出すことです。この瞬間をつかまえないと、うまくバネで返せません。

動きを切り返すときに大きな力を発揮することは、すでに体は知っています。なの

反動を使った例：椅子からの立ち上がり

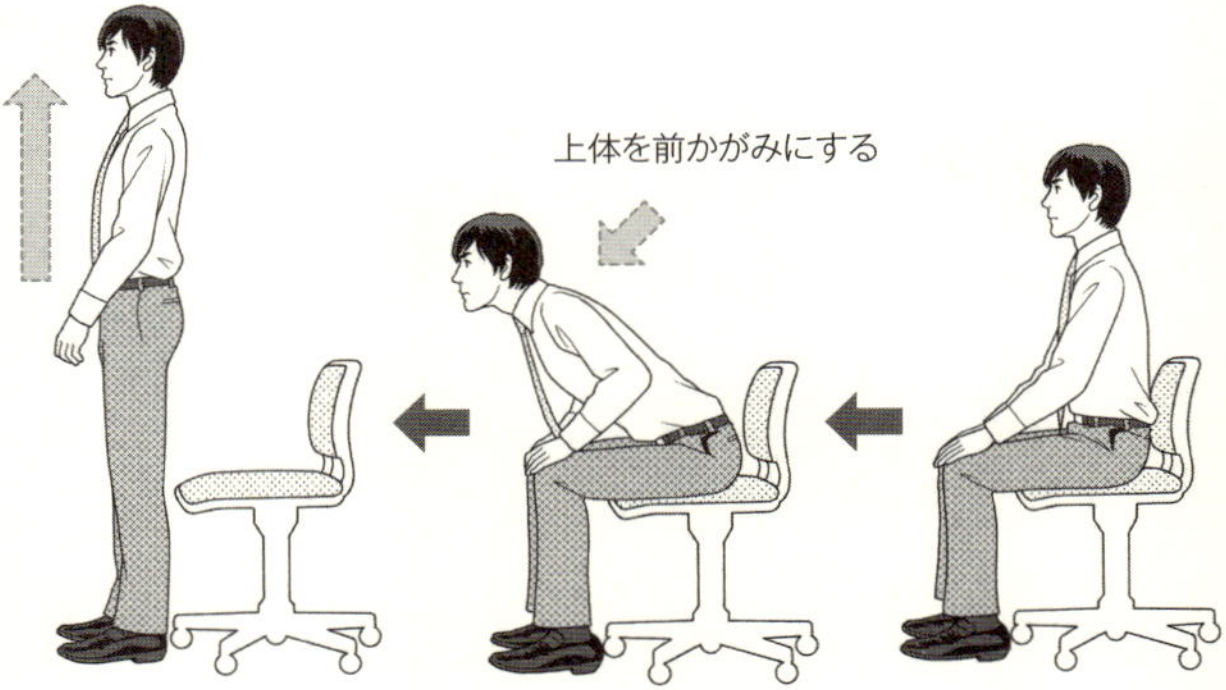

反動を階段を昇る動作に応用

で、たいていの人はその瞬間にある掛け声を自然に発します。おわかりですか？　答えは「よいしょ」ですね。

「よいしょ」なんて年寄り臭いなんて思わないでください。「よいしょ」は反動を使った動きにおいて大切な切り返し動作のときに、うまく力を発揮するためのかけ声なのです。ですから活動的に体を動かすためには、むしろ「よいしょ」を普段からどんどん使っていただきたいと思います。

試しにこの反動動作を少し大げさにして立ち上がってみてください。もちろん動作を切り返すときに「よいしょ」と発します。反動をバネで返してスッと立ち上がる感覚がわかると思います。

なお、バネ作用と反動動作を使った動きの代表例といえば、カンガルーのホッピングがあげられます。これは着地する力をバネで返すことで跳び上がる力に利用しているのです。人の体にも同様のメカニズムがあるのですね。

ちょっと反動動作の説明が長くなってしまいましたが、これは階段を昇る動作にも利用できます。

まず、前脚を着地するときに少し前かがみに上体を倒します。そして「よいしょ」と切り返し、上体を起こしながら一歩階段を昇ります。立ち上がる動作で行うような、上体を前後に振る動きを混ぜた歩き方になります（１３９ページの図）。

動きがわかりにくい場合は、首を前後に振るような意識で行ってみてください。首の動きに誘導されて、上体を振る動きも自然に行えるはずです。

反動動作は本来自然に行うものですから、2段飛ばしや3段飛ばしで階段を昇る場合は必ず大きな動きでこの上体を前後させる反動を使っています。普段の階段上がりでも、この動きを小さく使っているのです。

それを少し意識的にして強めに行うことで、ずいぶん楽にスイスイと階段を上がれるようになります。階段を昇るのが楽しくなるかもしれません。慣れてきたら1段飛ばしに挑戦してもよいでしょう。

ただし、階段は踏み外したりすると思わぬ事故につながります。体のためとはいえ、十分に気をつけて行ってください。とくに雨で滑りやすいときは注意が必要です。

なお、人前で「よいしょ」と発するのはちょっと恥ずかしいかもしれません。そのときは心の中で「よいしょ」と言いながら階段を昇るようにしてください。

階段は降りることにも意義がある

階段の利用は昇るときばかりではありません。昇る機会があれば、同じだけ降りなければなりません。

階段を降りる動作は割合ラクにできることからわかるように、エネルギー消費は残念ながら多くありません。ですから、通常の歩行や階段昇りのような軽い有酸素運動としての効果はかなり弱くなります。しかし、この階段を降りる動作は筋肉に刺激を与えるちょっとした筋力トレーニングとしての効果が意外とあるのです。

階段を降りる動作というのは、筋肉をブレーキとして使うことになります。これを「エキセントリック収縮」といいます。

エキセントリック収縮は外部のエネルギーをブレーキとして受け取るため、筋肉に微細なダメージを与えやすいという特徴があります。階段を降りる動作の場合は、着地の衝撃エネルギーを筋肉がエキセントリック収縮することで受け止めるためダメージを受けるのです。

この微細なダメージがいわゆる「筋肉痛」を誘発する原因となります。実験で階段を昇り続ける運動と降り続ける運動を比べてみると、翌日に強い筋肉痛を起こすのは階段を降りたほうのグループになります。この筋肉に微細なダメージを与えるエキセントリック収縮は、筋肉を発達させる有効な刺激の1つにもなるのです。

また、階段を降りる運動には耐糖能《たいとうのう》という血糖値の上昇を抑える働きがあることも示されています。つまり糖尿病の予防の効果もあるということになります。

これは階段を降りるエキセントリック収縮が、糖質代謝に優れた速筋という筋肉を主に使う運動だからだと考えられます。ブレーキをかけるというのはとっさに体を守るときに必要な動作なので、素早く力を発揮できる速筋を使うのです。

以上のことから、階段を降りる動作にも運動としてのメリットがあることがおわかりいただけたでしょうか。駅などで階段はすいているのに、すぐ横にある下りのエスカレーターの前に行列ができている光景をよく見かけます。**下りのエスカレーターの順番を並んで待つくらいなら、ぜひとも階段を使ってほしいと思います。**

注意したいのは、階段を降りる動作は関節などへの衝撃が強く、膝や足首を痛めやすいという問題があることです。勢いよく降りるのではなく、スピードをしっかりコントロールして、一歩一歩確実に降りるようにしましょう。実は筋肉への刺激という点でも、ゆっくりとていねいに降りるほうがしっかりと筋肉に負荷がかけられるため、効果的です。

第5章

習慣にしたい食事のルール

基本は摂取と消費のエネルギーバランス

体重の増減は、摂取エネルギーと消費エネルギーの収支バランスによって決まります。摂取エネルギー過多の状態で運動量の変化もないまま、食事制限は一切なしでもやせられる、といった魔法はあり得ませんし、逆に水を飲むだけで太るなどという事実もありません。

私たちの体は食べたものでできています。体は常に合成と分解を繰り返していて、摂取エネルギーが消費エネルギーを上回れば体重が増えます（合成∨分解）。体重が減るのはその反対の状態のとき（合成∧分解）。摂取した分よりも消費が少なければ太り、多ければやせていくのです。

体を構成する細胞の中でも、エネルギー貯蔵庫の役割をしている体脂肪量の増減が、体重増減の主な要因となります。

体重増減のメカニズム

合成＞分解＝体重 **増** …… 摂取エネルギーが消費エネルギーを上回れば体重が増えます。

合成＜分解＝体重 **減** …… 消費エネルギーが摂取エネルギーを上回れば体重は減ります。

食事とエネルギー

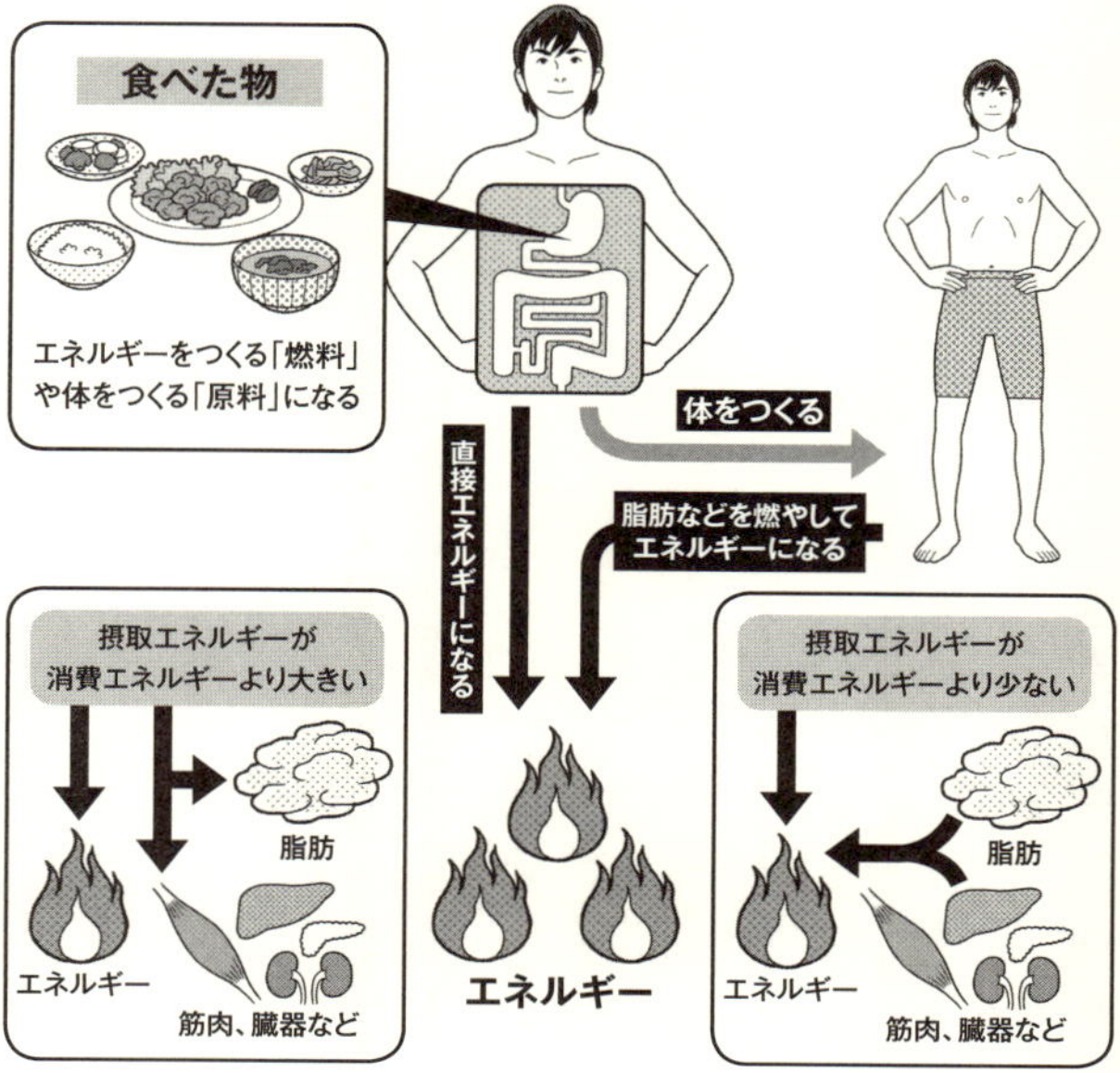

ですから、体重、体脂肪を減らしたければ摂取エネルギーと消費エネルギーの収支をマイナス、赤字にするしかないのです。きわめて当たり前の話になってしまってつまらないかもしれませんが、事実ですから仕方がありません。

本書のねらいは、健康的に体脂肪を減らして「命にかかわる」生活習慣病のリスクを下げること、そして、見た目には〝ちょいワル〟（まあ、ワルは余計ですが……）のカッコいい体をつくることです。しかもそれを無理なく、習慣化したいと思っています。

そこで、まずは簡単にできる体操を取り入れて快適に動ける体の状態をつくり、その快適な状態で習慣的に体を動かすことを提案してきました。つまり、これで無理なく消費エネルギーを増やすことを目指したわけです。

では、食事のほうはノーマークでもいいか？　というと、そういうわけにはいきません。いくらエネルギーの消費を増やしても、それ以上に食べていてはやせるわけがないからです。効率的にやせるためには、摂取エネルギーをおさえることも必要なのです。

ただし、食事に関しても、運動と同様に厳しい方法を提案するようなことはしません。「無理なく続けられること」は食事に関しても同じなのです。一生もののスタイルは、一生ものの習慣なくしてはあり得ません。無理をして頑張る「制限」ではなく、毎日ちょっと気をつけるだけの食事のかんたんな「ルール」を続けてみましょう。

オプションよりも「エネルギーの赤字」が基本

少し前に大流行したダイエットに、「低インスリンダイエット」があります。血糖値の上昇がゆるやかな低ＧＩ値（糖質の吸収速度を示す値）の食品を選んでとることで体脂肪を減らし、体重を減らそうとする方法です。

糖質（炭水化物）の摂取量とＧＩ値にさえ気をつければ「あとは何でも好きなだけ食べられる」という夢のような話で、週刊誌やテレビでさかんに取り上げられていました。しかし、冷静に考えてみれば、それだけでスリムな体型をつくり上げようとするのはまず無理でしょう。朝1本のバナナでやせるという話も同じです。

もちろんこれらにはダイエットとして有用な点もあります。しかし、体重の増減を考える際、基本となるのは日々のエネルギー収支のバランスです。いつどんなタイミングで何を食べるのか、栄養のとり方でどんな工夫をするのか、というのはあくまで付随的な要素に過ぎません。

つまり、**やせるためにはエネルギー収支でいかに赤字をつくるかが基本であり、そこにオプション的な考えとして、低インスリンダイエットのような方法を加味していくというのが正解なのです。**オプションだけで大きな効果を得ようというのは、まさに本末転倒です。

巷にはいろんなダイエット情報が氾濫しています。しかし、読者のみなさんには〝減量とはいかにしてエネルギーの赤字をつくるかがまず基本である〟ということを、覚えておいていただきたいと思います。

過度の食事制限は、大事な筋肉ばかり落としてしまう

食事をおいしく楽しむことは、娯楽の1つともいえます。ですからここに大きく制限をかけるのは、いくらお腹を凹ませたいとは思っても、長く続けていく上でかなりむずかしい課題となります。

また、過度に食事を制限することは、体重の減少こそ早いものの、同時に大切な筋肉も大きく減らしてしまうという問題もあります。体重が落ちたわりには体脂肪率がそれほど下がらない、といったことになりかねないのです。

体を動かすエンジンである筋肉が減ると、体力が低下して日常の活動量が減ってしまいます。過度の食事制限によるエネルギー不足も体力を低下させます。また基礎代謝も落ちてしまうので、体は消費エネルギーの少ない状態になってしまいます。

こうなると、**摂取エネルギーをおさえて体重が落ちたとしても、消費エネルギーも**

減っているわけですから、結局リバウンドしてしまいます。しかも筋肉が減った分、前よりも体脂肪率が上がってしまう場合もあるというわけです。

極端な食事制限をすると、体は「飢え」を感じます。脂肪は飢えに備える貴重な貯蔵エネルギーですから、体はこれをできるだけ使わずにため込もうとします。何を使うかというと、エネルギーを消費する筋肉を落として飢えをしのごうとするのです。

これが極端な食事制限によって「脂肪ため込みモード」になり、筋肉が落ちてしまうメカニズムです。個人差はありますが、一般に健康的に減量できる体重の目安は1カ月に2〜3kgまでとされています。結果を急いでもいいことはありません。

また、食欲は睡眠欲、性欲と並ぶ人間の3大欲求のうちの1つです。その食事で大きなストレスを感じてしまっては、心身の健康を保つこともむずかしくなるでしょう。

極端な行為はいつか必ずタガが外れます。反動的にドカ食いしたくなる衝動を誘発する恐れがあります。「制限」ではなく、かんたんな「ルール」を提案する理由がおわかりいただけるでしょう。

※ただし、体重１００kg、体脂肪率が35％を超えるような重度の肥満の場合は、ある程度の厳しい食事制限が必要となることもあります。その際は減量治療を専門とした医師の指示のもとで行うことをおすすめします。

食事を「制限」するのではなく「ルール」を守る

摂取エネルギーをおさえるために、食事をする上で守っておきたい「ルール」があります。

食べることは生きることであり毎日のことですから、最初のうちはなかなかむずかしいかもしれません。しかし、続けているうちに自然に身についてくるものです。一度習慣になってしまえば、今度は逆に「以前は何であんな食べ方をしていたんだろう」

と思うに違いありません。

ここに紹介するルールは極端な食事制限ではありませんから、みるみる体重が落ちてお腹が凹む、とはいきません。しかし、続けることで確実に体型は変わり、お腹も凹んでいきます。

無理をして続かないよりは、**少し気をつける程度で一生続けられるのが、理想的な「ルール」です。**なんだ、これだけ？　と思うくらいでも、結果がずいぶん変わることに驚くことでしょう。

◎必ず守る4つのルール、できれば気をつけたい3つのルール

食事を楽しみながら無理なく実行できるルールとして、「必ず守る4つのルール」「できれば気をつけたい3つのルール」を紹介します。

このルールが習慣になれば、「かんたん体幹・コア体操」と活動的な日々の過ごし方とあいまって、お腹もスッキリ凹んでくることでしょう。

習慣にしたい食事のルール　4カ条＋3カ条

できれば気をつけたい３つのルール

- 高脂肪食品を避ける
- 酒のつまみに注意する
- 甘い物を食べるなら朝か運動後がベスト

必ず守る４つのルール

- ゆっくり味わって腹八分目
- 朝食をしっかりとる
- 食べたくないときは無理して食べない
- 夜の食事量を控える

●基本ルール1・ゆっくり味わって腹八分目

満腹感というのは、食事内容にもよりますが、だいたい食べはじめてから20分くらいたってから感じるといわれています。食べ物が体内に入ってから、血糖値や血中脂質の濃度などが上がって脳に指令が届くまでの時間差が約20分というわけです。

10分もかからないうちに食べ終わるような早食いの人の場合は、どんなにたくさん食べたとしてもそれほどは満腹感を感じられません。入門したばかりの若い相撲取りなどは体を大きくするために、大量のごはんを短時間で満腹感がくる前に詰め込めるだけ詰め込むのだそうです。昔からある効率的な太り方が、早食いなのです。

ということは、その逆が太らない食べ方ということ。つまり、**ゆっくりと時間をかけて、よく噛んで味わって食べることが、やせにつながる食べ方なのです。**

そして、もう1つ。腹八分目を心がけてください。

時間をかけて食べるようになると、これまで食べ過ぎていたことがわかるはずです。最初のうちは、ちょっと物足りないなと思うかもしれません。そのときは一度箸を置いて話をしたり、テレビを見たりしてしばらく時間を過ごしてください。不思議と先ほどまでの食欲が消えているのに気づくはずです。脳に満腹感の指令が届いたからです。

食事の際は、「ゆっくり味わって腹八分目」。この新しい習慣をぜひ身につけてください。

●基本ルール２・朝食をしっかりとる

眠っているときというのは、人は絶食状態にあります。つまり、起床時は体内のエネルギーが不足した状態にあるのです。ですから、活動的な1日をスタートさせるためには、朝食できちんとエネルギーを補給する必要があります。

朝食は抜いたほうがやせると思っている方もいるようですが、実際はその逆。食べないことでエネルギーの赤字をつくることはできても、「飢えを感じる」ため主に落ちるのは脂肪ではなく筋肉になってしまいます。

またエネルギー切れで活動しても、うまく体を動かせないどころか、頭の回転も鈍りがちです。空腹のあまりランチではドカ食いに走る傾向もあり、午後は食べ過ぎからなんとなく体が重くなるという悪循環に陥ることさえあるのです。

メニューの内容としては栄養のバランスを考え、主食の糖質（炭水化物と同義です）に加え、卵や大豆、乳製品に野菜などを組み合わせて多品目をしっかりと食べたいところです。しかし、時間がない、**朝は食べるのが苦手という人なら、ジュース1杯、ヨーグルト1個でもいいので何か口にする習慣をつけるようにしましょう。**

日本人のかんたん朝ごはんの代表に、「卵かけごはん」があります。これは主要なエネルギー源の糖質と体温を上げる効果の高いタンパク質をしっかりとれる、優れた朝食メニューです。これなら、1人暮らしのサラリーマンでもできるのではないでしょうか（理想をいえば、具だくさんのみそ汁を添えるとさらにグッドです）。

●基本ルール３・食べたくないときは、無理して食べない

最近、空腹感を感じていますか？　食事については時間になったから、お菓子などは職場でお茶といっしょに出されたから、お土産でいただいたからといった理由で、〝なんとなく〟食べていませんか。

この〝なんとなく食べ〟の行動は、肥満の大敵です。お腹がすいているならともかく、そうでないのに食べてしまうのは余分なエネルギー摂取にほかなりません。

とくに気をつけたいのが、小さくて、食べ応えもないのにカロリーの高いお菓子類です。**買い置きしているご家庭も多いと思いますが、手元においしそうなものがあれば、それほどお腹がすいてなくても、またとくに食べたくなくても、つい手が伸びてしまうものです。**

お買い得と書かれた大きなパックなどは、安いからといって買いだめするのはやめましょう。**最初から買わなければ、食べようか、我慢しようかという頭の中での戦いもせずにすみます。**しかもたいていは負けてしまうものですから。

また、外食で出てきたものも、ほしくないものまで全部食べる必要はありません。食べ物を捨てるのは非常にもったいないことですが、「自分のお腹に捨てる」よりはましだと考えるようにしましょう（最初からいらないものは除いてもらうなどして頼まないのがベストです）。

●基本ルール４・夜の食事量を控える

夜遅い時間の食事が太ることにつながることは経験的によく知られています。睡眠中は消費エネルギーが減るので、とった食事のエネルギーは行き場がないため、体脂肪になりやすいからと考えられます。

また近年、脂肪の合成を促す作用のある「ＢＭＡＬ１（ビーマルワン）」という遺伝子が注目されています。ＢＭＡＬ１は１日のなかで増減して体内時計を司《つかさど》るといわれており、活動状態が下がる夜遅くになると増加するという報告があります。活動が下がるときに余剰のエネルギーがあれば貯蔵エネルギーとしてしっかり蓄えておこうという生き物としての仕組みなのかもしれません。

それでも、今日は仕事で遅くなったから食べない、というわけにもいきませんから、その場合は主要なエネルギー源となる糖質を控えるようにしましょう。いつもはごはん１膳というなら、その半分くらいに。その代わりに、おかずに野菜を加える（サラダよりも温野菜のほうが栄養素の吸収という点で優れている）などで調整してください。

どうしても減らすのが嫌ならば、夕食の時間を早めてしまうことです。寝る２〜３

時間以上前には食事を終えるようにするとよいでしょう。

◎できれば気をつけたい３つのルール

●できればルール　１・高脂肪食品を避ける

食べ物に含まれる３大栄養素の中でも、とくに体脂肪として蓄積されやすいのが「脂質」です。

糖質やタンパク質から脂肪を合成する場合には、脂肪に合成するためのエネルギーを必要とするので、全体の３割くらいの蓄積ロスが出ます。しかし、脂質の場合はそうしたものが不要なため、ほとんどロスがありません。**しかも、脂質は糖質やタンパク質に比べて2倍以上のエネルギーを持っています。**やせたいと思うならば、脂肪分の多い食品はあまり積極的にとらないほうがよいでしょう。

ただし、我慢し過ぎもストレスになります。できる範囲でメニューを選べばよいと思います。

Short Column 05
ダイエット中でも、外食を楽しもう！

いつの頃からか、外食が続くのは体によくない、外食は高カロリーのメニューが多くて太る、といったイメージが定着してしまっているように思います。

少し前のファミリーレストランなどでは冷凍食品の質が悪かったり、塩分が少し強かったためにそんな話が広がったようです。

しかし、最近では無農薬野菜にこだわったメニューを開発するお店や、脂肪分、塩分などが控えめなヘルシー路線のレストランチェーンも登場してきました。１人暮らしの人などは自分で買い物をして料理をするよりも、安くておいしく、無駄も出ないと聞きます。

私は、外食が問題視される主な原因は、利用する側にあるのだと思います。

つまり、メニューを選ぶ際に、「自分の食べたい物だけを、好きなだけ選ぶ」から栄養が偏ってしまうのです。肉が好きな人は肉ばかり、揚げ物が好きなら揚げ物ばかりという具合です。これではいくら外食の質が上がったといっても、その恩恵を受ける機会は少なくなります。

昨日はトンカツだったから、今日は煮魚にしよう。野菜不足が気になるからサラダを追加しようか……。外食をするなら、メイン料理のバランスを考えたり、できるだけ多くの品目を使ったサイドメニューを注文したりと、メニュー選びの工夫次第で家でつくる料理よりもヘルシーな食事にすることもできるのです。

最近はメニュー表にカロリーや塩分含有量などが書かれた店も多いので、こちらも上手に利用したいものです。

●できればルール２・酒のつまみに注意する

仕事帰りに飲むビールの味は、いつだって格別なものです。しかし、カロリーの点では注意が必要です。酒のつまみには、ピザに唐揚げ、ポテトフライといった脂っぽい物が多いからです。できればお酒を飲む回数を減らしたいところですが、それはちょっとむずかしいというのであれば、つまみの選び方を工夫しましょう。

つまみを選ぶ際には、できる範囲で結構ですので、油っぽい物は控えめに、枝豆、豆腐やおひたしなどの低カロリーのものを注文しましょう。もちろん揚げ物を食べてもかまいませんが、必ず何人かでシェアして量はあくまで控えめに。

なお、締めのラーメンが欠かせないという人もいるでしょうが、ここが我慢のしどころです。食べないのがいちばんですが、どうしても、の場合はお茶漬けにしてください。

それから、飲み過ぎ、食べ過ぎにももちろん注意。何ごとも〝過ぎ〟にいいことはありません。馬鹿飲み、馬鹿食いは学生時代で卒業しておきましょう。味わって楽しむのがカッコいい大人の作法ではありませんか？

●できればルール３・甘い物を食べるなら朝か運動後がベスト

口寂しいとき、ストレスがたまったとき、ふと甘い物が食べたくなるものです。甘さの元である砂糖やブドウ糖は体への吸収が速いため、すぐに血糖値を上げる働きがあります。低インスリンダイエットでいえば、かなりＧＩ値の高い食品です。

砂糖などのＧＩ値の高い糖質は吸収する速度が消費する速度よりも速いため、脂肪に合成されやすい食品です。

しかし、朝起きたとき、運動した後や疲労しているときなど、体内の貯蔵エネルギーが不足していて急いでエネルギー補給しなければならないときには、即効性のある甘い物が役立つのです。**同じ甘い物でも、食べるタイミングによって体脂肪になったり、急速なエネルギー補給に役立ったりするわけですね。**

どうしても食べたいときは、朝か運動後を選びましょう。とはいえ、食べ過ぎれば余剰分は体脂肪になってしまいます。大福なら1個まで、ショートケーキなら半分くらいと、１日あたり１００～２００キロカロリー程度におさえてください。

Short Column 06
ゼロカロリー食品の活用法

スーパーやコンビニなどで、「ゼロカロリー食品」をよく見かけるようになりました。ゼリーや飲み物、ガムなど種類も多く、おいしいこともあって人気があるようです（100gあたりの熱量が５キロカロリー未満の食品は、カロリー“ゼロ”を法令上表記できます）。

ゼロカロリー食品とは、砂糖の代わりにエリスリトールやアスパルテームなどの超低カロリーの甘味料を使うことで、カロリーをゼロ近くにまでおさえた食品のことです。甘さ自体は砂糖を使ったものとあまり変わらないため、ちょっとお腹がすいたときや口寂しいときなどにうまく活用するとダイエットの強い味方になります。

ただし、そもそも食事とはカロリーをとるためのものです。人は生きていくために必要なエネルギーをすべて食べることで補給しているのですから、ゼロカロリー食品ばかりを大量に、というのはあまりおすすめできません。

また、エリスリトールは難消化性の糖質（消化されないためほとんど吸収されない）という性質上、多量に摂取しすぎるとお腹がゆるくなることもあります。

あくまでも食べ過ぎをおさえるための手段として活用する程度にとどめておきたいものです。

第6章

かんたん筋トレ＋有酸素運動

体が快適になったらさらに運動を

「かんたん体幹・コア体操」で快適に動ける体をつくり、日常からの身体活動量を増やせるようになったら、「できれば今度はさらに本格的な運動を」といきたいところです。これまであまり運動に縁がなかった人も、快適に体が動くようになると意欲が自然に湧いてくるのではないかと思います。家族や仲間と、テニスやゴルフなどのレクリエーションスポーツをはじめるのもよいでしょう。

ここでは比較的かんたんにできる「筋力トレーニング（筋トレ）」と「有酸素運動」を紹介します。ただし何度も繰り返しますが、一生ものの健康な体、お腹の凹んだスタイルは、一生ものの習慣でしか得られません。張り切り過ぎることよりも、無理なく続けられることを第一に考えて実行していただければと思います。

1 筋力トレーニング編

筋トレが減量・お腹やせにつながる3つの理由

筋トレといえばもちろん筋肉をつけるトレーニングですが、実は筋肉をつける以外にも減量やお腹やせにも効果があるのです。

理由としては、次の3つが考えられます。

第1に、筋肉がつくことで体の基礎代謝量が上がることです。

ある研究では、運動をしていなかった人が3カ月間ほど本格的な全身の筋力トレーニングを続けた場合、若い人では除脂肪体重（体重から体脂肪を除いた総量のこと）が約2kg増えて、1日の基礎代謝量が100キロカロリーほど増えたという報告があります。100キロカロリーといえば、70kgの人が約40分散歩をしたくらいのエネルギー消費量に相当します。消費カロリーが増えれば、それだけ脂肪は減っていきます(摂取カロリーとのバランスによります)。もちろん脂肪のたくさんついたお腹周りもサイズダウンすることになるでしょう。

第2には、筋トレによって分泌量が増加する成長ホルモンの効果が期待できるからです。成長ホルモンには筋肉を成長させるだけでなく、脂肪を分解して脂肪減少を促進するうれしい役割があります。もちろん、お腹周りの脂肪についても同じ働きが期待できます。とくに、177ページからご紹介する「スロトレ」は、軽めの負荷でありながら成長ホルモンの分泌促進効果が高いのが特徴です。

最後にもう1つ、ボディにメリハリをつけられるという見た目のメリットも重要でしょう。

例えば、肩の筋肉である〝三角筋〟を鍛えると広い肩幅に、胸の筋肉の〝大胸筋〟

を鍛えれば大きく厚い胸板の体になってきます。このように上半身が大きくなることで、相対的にお腹が引き締まって見えるのです。

さらに、筋トレには筋肉の糖代謝機能を向上させる効果が認められていますので、**これまで説明してきた生活習慣病の予防の中でもとくに、糖尿病予防に直接的な効果があると言えます。**

また、多くの疫学研究が、筋力の高い男性ほど総死亡率が低いことも示しています。筋力のある強い体になることは、長生きの１つの要素とも言えるのです。

かんたんにできる「ながら筋トレ」

本格的にジムに通わなくても、工夫次第でいつでも、どこでも筋トレを行うことができます。

器具を使わず、自分の腕の力だけで上半身を鍛えたり、脚を上下して腹筋を鍛える運動などは、テレビを見ながら、また仕事の合間にも「ながら筋トレ」としてできるでしょう。

第4章では大きく手足を振って歩くだけでも、いつもの通学通勤ルートがプライベートジムになるという話をしましたが、**「ながら筋トレ」なら自分がいる場所すべてをジムにすることも可能です。**

また、「ながら筋トレ」には筋トレによって筋肉がつくという以外に、意識の変革という効果もあります。日常のちょっとした時間があれば、常に筋トレする癖が身についてくるからです。

このように意識が変わってくると、運動に対してだけでなく、食事や飲酒、睡眠な**どすべてにおいて常に体にポジティブなことを心がけるようになってきます。**

よくファッションモデルの人などが、「とくに運動をする習慣はないけど、ちょっとした合間にながら筋トレをしている」といったことをおっしゃっているのを耳にします。そういう方は同時に、日頃の生活から活動的に動いたりお腹周りをしっかり使ってよい姿勢をキープする習慣があり、食事や飲酒などに対しても自然に節制する意識を持っているようです。これはぜひとも見習いたいものですね。

「ながら筋トレ」は特別に時間を取らなければできない運動ではありません。まずはテレビを見ながらＣＭ中に１つ、デスクから立ち上がるついでに１つと、徐々に普段の生活に取り入れるようにしましょう。

なお、「ながら筋トレ」はそれほど激しく筋肉を追い込む方法ではないので、同じ種目を毎日行ってもとくに問題ありません。気づいたときに、できる種目を行ってください。ただし、筋肉痛や、筋肉に強い疲労感がある場合は、頻度をおさえ、２～３日に１度くらいのペースで行うようにしてください。

かんたんにできる「ながら筋トレ」

◎レッグレイズ　腹直筋・腸腰筋（お腹、下腹深部）

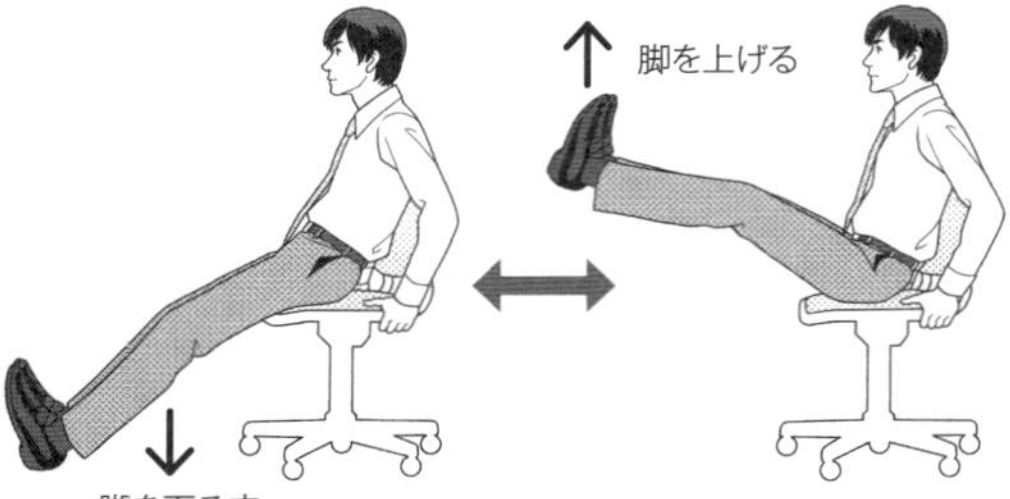

椅子などに浅く座り、手を座面にしっかりついて脚を前に伸ばし、上下させる。2秒で上げて2秒で下げるくらいのテンポで10回程度繰り返す。きつければ膝を曲げてもよい。

◎ニーリフト　腹直筋・腸腰筋（お腹、下腹深部）

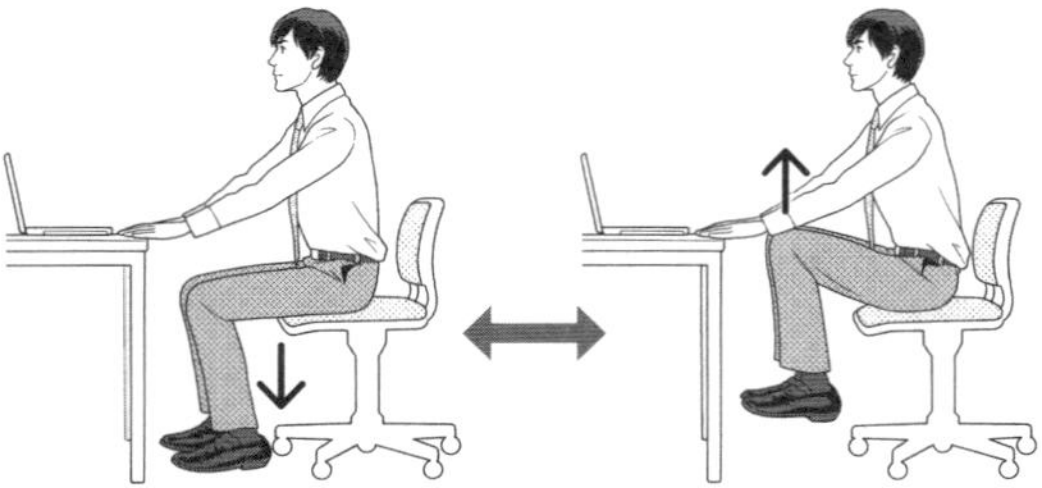

椅子に浅くかけて背筋を伸ばし、揃えた両脚を上下させる。手は机において体がぐらつかないよう支える。回数は10～20回。脚を床につけずに繰り返すと強度がアップする。

かんたんにできる「ながら筋トレ」

◎パームプレス　大胸筋・三角筋前部（胸、肩の前側）

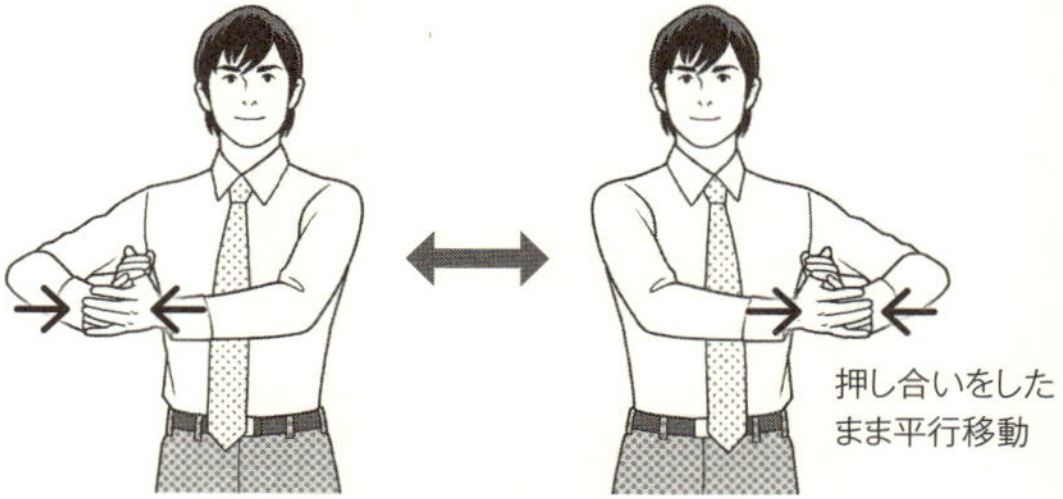

胸の前で左右の手のひらを合わせて強く押し合う。押し合いをしたまま右側に2秒、左側に2秒ほどかけて平行移動させる。左右交互に往復10回程度行う。

◎フィンガープル　広背筋・三角筋後部（背中、肩の後ろ側側）

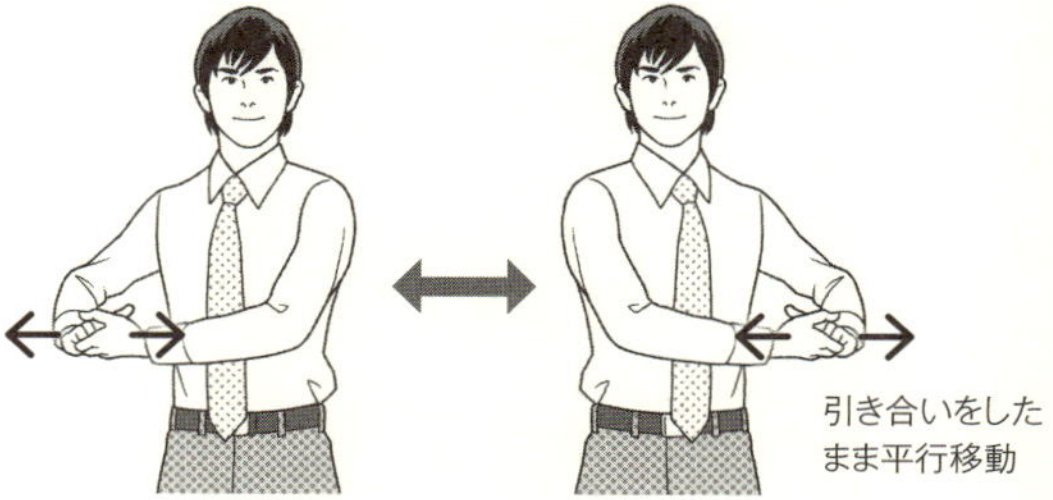

両手の4本の指を曲げて上下に組み、強く引き合う。左右から引き合いをしたまま右側に2秒、左側に2秒ほどかけて平行移動させる。左右交互に往復10回程度行う。

かんたんにできる「ながら筋トレ」

◎ハーフスクワット

大腿四頭筋・大臀筋・ハムストリングス（太もも前側・後ろ側、お尻）

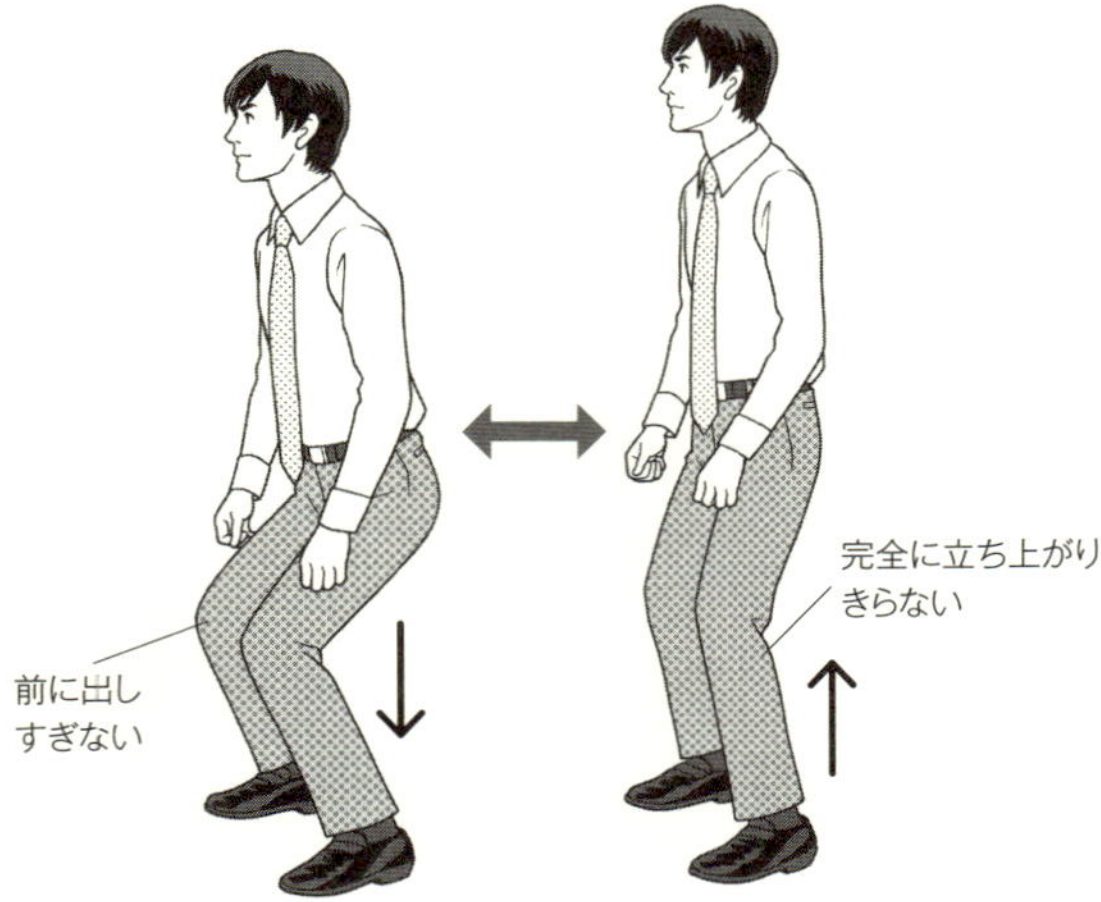

浅いしゃがみ姿勢のスクワット。膝を強く前に出さず、やや前傾してお尻を引くようにしゃがむ。完全に立ち上がる前にしゃがむ動作に入る。ゆっくりと10～20回が目安。

5分でできるスロトレ基本の4種目

スロトレ（スロートレーニング）は、文字どおりゆっくりと動くことで筋肉に負荷をかける筋トレ法のことです。

運動中、常に「力を入れっぱなし」にすることで、筋肉の内圧が高い状態が続き、血流が制限されて筋肉内は低酸素状態になります。この低酸素状態をつくることで、高負荷のバーベルやマシンを使って筋トレを行う場合と同じように筋肉内を過酷な状態にすることができるのです。いわば、筋肉を高負荷トレーニングを行ったかのようにだまして発達させるのです。

メリットは、自分の体重を使うという手軽な方法ながら、通常の高負荷をかけた筋トレと同等の大きな筋肥大効果が得られる点です。成長ホルモンの分泌の促進や、基礎代謝量が増加するなどの効果も通常の筋トレと同様に起こります（次ページの図）。

負荷が小さく動きもゆっくりなためにケガのリスクが少なく、安全に実施できるのもよいところです。

スロトレを行う際は、「ゆっくり動く」「肘や膝を伸ばしきって休まない」という2つのルールを守ってください。回数を増やすよりも、ゆっくりと力を入れ続けて、ていねいに一つ一つの動作を行うことが重要です。

スロトレによる基礎代謝量の変化

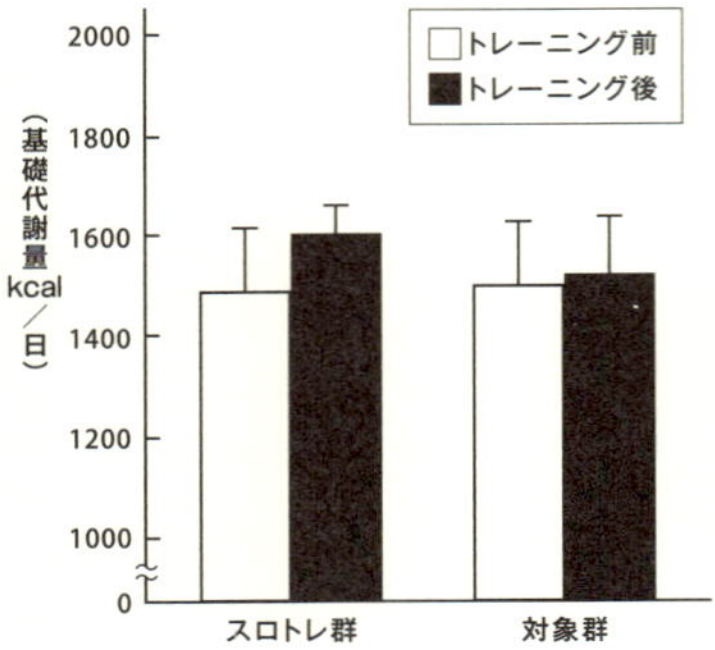

谷本ら 2009より

5分でできるスロトレ基本の4種目

①スクワット

大腿四頭筋･大臀筋･ハムストリングス（太もも前側･後ろ側、お尻）

●３秒上げ・３秒下ろしで８回程度

しゃがんで立ち上がる動作を繰り返す、標準的なスクワット。完全にしゃがむと膝や腰への負担が大きいため、太ももが床と平行になるくらいまでのしゃがみ込みで行う。立ち上がるときに膝を伸ばしきらないように。8回を目安にできる回数行う。

◎＋ストレッチー屈伸

●ゆっくり５回

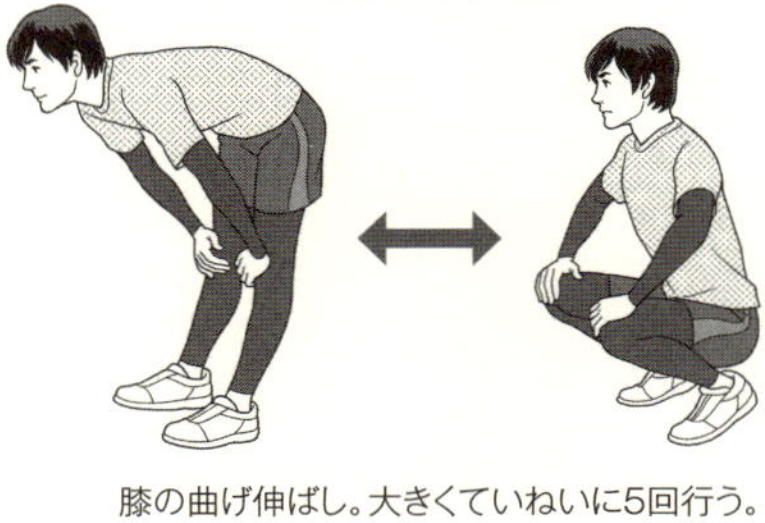

膝の曲げ伸ばし。大きくていねいに5回行う。

5分でできるスロトレ基本の4種目

②腕立て　大胸筋・上腕三頭筋（胸、上腕裏側）

●３秒上げ・３秒下ろしで８回程度

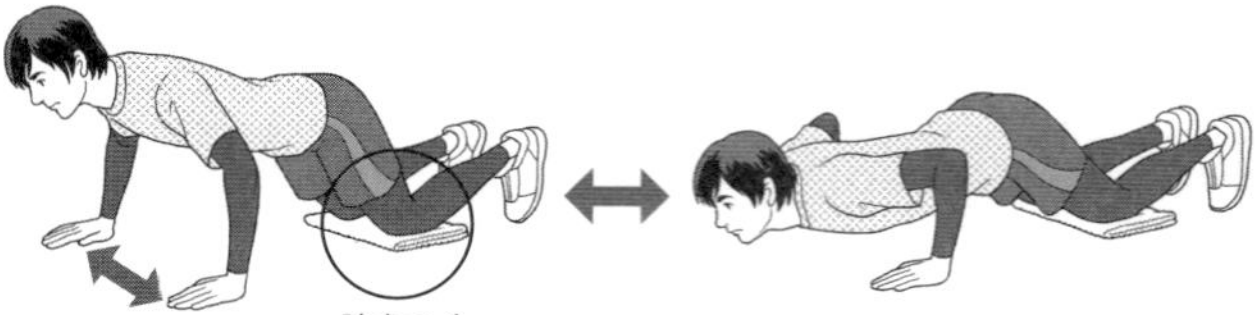

床に膝をついた状態で構え、腕の曲げ伸ばしを行う。両手の間隔は肩幅の1.5倍から2倍程度。体はまっすぐにキープして、お尻が落ちないようにする。腕を伸ばすときに肘を伸ばしきらないように。

◎＋ストレッチー肘引き

●ゆっくり５回

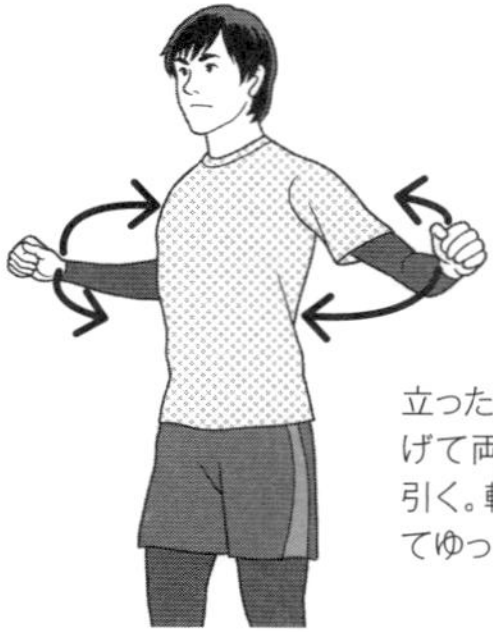

立ったまま腕を横に上げて両肘を背中側に引く。軽く勢いをつけてゆっくり5回行う。

5分でできるスロトレ基本の4種目

③ニートゥチェスト　腹直筋・腸腰筋（お腹、下腹深部）

● ３秒上げ・３秒下ろしで８回程度

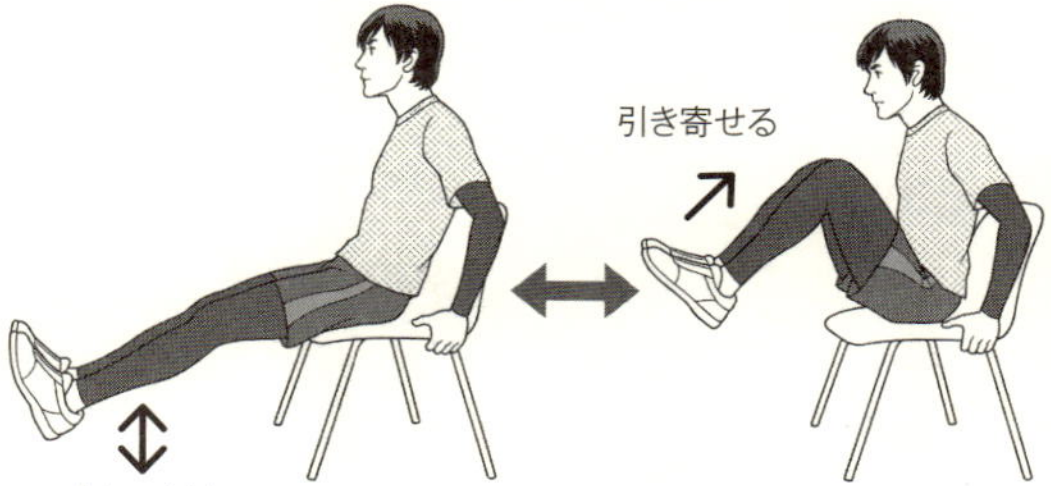

椅子に浅く腰かけ、座面の後ろを持って脚を前に伸ばして床から浮かせる。3秒かけて膝を胸に引き寄せ、3秒かけて前の位置に戻す。動作中に脚を床につけて休まないように。

◎＋ストレッチーお腹伸ばし

● 15 秒静止

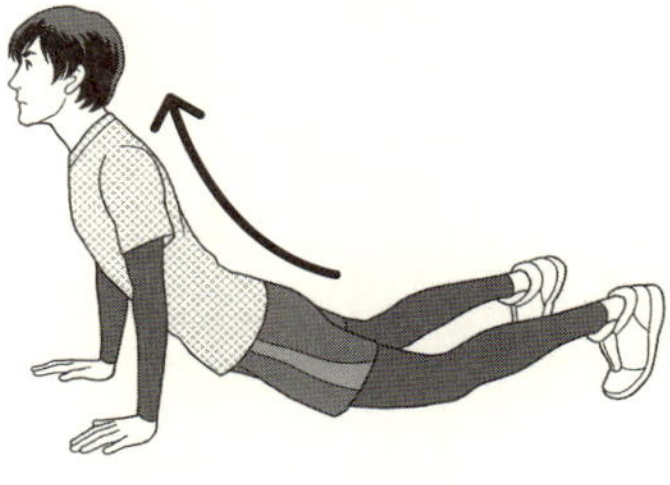

床にうつぶせに寝て腕を伸ばし、ゆっくりと背中を反らせ、15秒静止する。

5分でできるスロトレ基本の4種目

④バックエクステンション　脊柱起立筋（腰、背中）

●3秒上げ・3秒下ろしで8回程度

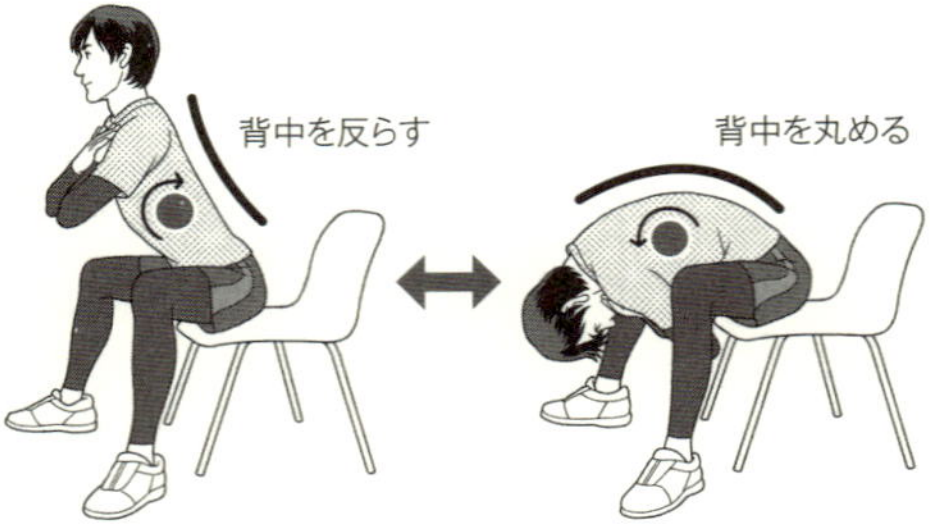

椅子に腰かけて脚を開き、上体を前に倒してみぞおちを中心に背中を丸める。3秒かけて背中をそらし、3秒かけて背中を丸める。背中を反らすときに起き上がりきって休まないように。

◎＋ストレッチ—背中伸ばし

●ゆっくり5回

膝を軽く曲げて背中を丸め、軽く勢いをつけてゆっくり5回前屈を行う。

2 有酸素運動編

まずはここから、ウォーキング

手軽にできる有酸素運動の代表といえばウォーキングでしょう。第4章でも述べたように、「健康づくりのための運動基準2006」に示される1日8000〜1万歩という活動量は、生活習慣病のリスクが下がりはじめる「最低値」を示しています（124ページ参照）。1万歩が達成できたら、歩くことを〝ウォーキング〟という運動に高めて、よりリスクを下げていくようにしてみましょう。もちろん減量、スタイル改善の効果も高まります。

歩く動作というのは、振り子の原理を使って体の揺れを利用して前に進んでいます。

地面についた足が支点となり、振り子をさかさまにしたように見えることから「倒立振り子」と言います。

普段はこの振り子の持つ揺れのタイミング（固有周期といいます）に合わせて歩くため、歩行動作というのはとても効率よく行っています。つまり、エネルギー消費を最小限におさえてラクに動作しているわけです。

しかし、**速く歩けば歩くほどこの振り子の力には頼れなくなるので、早足で歩くウォーキングは日常の歩きよりも高い運動効果があるのです。**

ウォーキングの際の姿勢のポイントは、基本的には普段の歩き方の場合と同じです（187ページの図）。胸を張ってあごを引き、背すじを正してお腹にしっかり力を入れます。

普段の歩きと異なるのは肘を曲げること。ウォーキングは早足で歩くためピッチが上がります。肘を伸ばしていては腕の振りが追いつかなくなるので、肘を曲げて回転半径を小さくすることで、腕を素早く振れるようにします。

腕を速く振るように心がけると脚の運びもそれにつられて速くなります。走るときにしっかり腕を振れというのと同じです。ピッチを上げたら、同時に手足も大きく振って歩幅も大きくして歩きましょう。

最初は無理せず15分くらいからでもかまいません。そこから徐々に時間を延ばしていきましょう。

さらに頑張ってジョギングを習慣に

ウォーキングに慣れてきたら、さらに頑張ってジョギングをはじめてみましょう。

ここまでは体をより活発に動かすことで生活習慣病のリスクを下げるという話をしてきましたが、実は体力があるかどうかということも、生活習慣病のリスクと深い関係があります。運動をしているかどうかにかかわらず、体力レベルが高いほど病気になりにくいのです。

持久的体力、心肺持久力の指標である最大酸素摂取量が高いほど、心疾患にかかったり、死亡するリスクが下がることが報告されています。ですから、もちろん可能な範囲でということになりますが、できればジョギングをはじめとする有酸素運動をして心肺持久力を高めていただきたいと思います。


走る際のフォームのポイントですが、走り方にもいろいろなスタイルがあります。ここでは膝、腰などに負担の少ない「ちょこまか走り」をおすすめします。ウォーキングは大股で歩きますが、ジョギングでは大股にすると着地の衝撃が強くなり過ぎるため、膝、足首、また腰への負担が大きくなってしまうからです。

まず、**足はあまり遠くに踏み出さず、自分の近くに着くようにします。かかとから接地しようとすると足が強く前に出てしまうので、足の裏全体で接地するようにしましょう。**脚を大きく出さない分ストライドが減るので、ピッチを上げるようにします。

実は、シドニーオリンピックの金メダリスト、Qちゃんこと高橋尚子選手も足をあ

◎ウォーキング姿勢のポイント

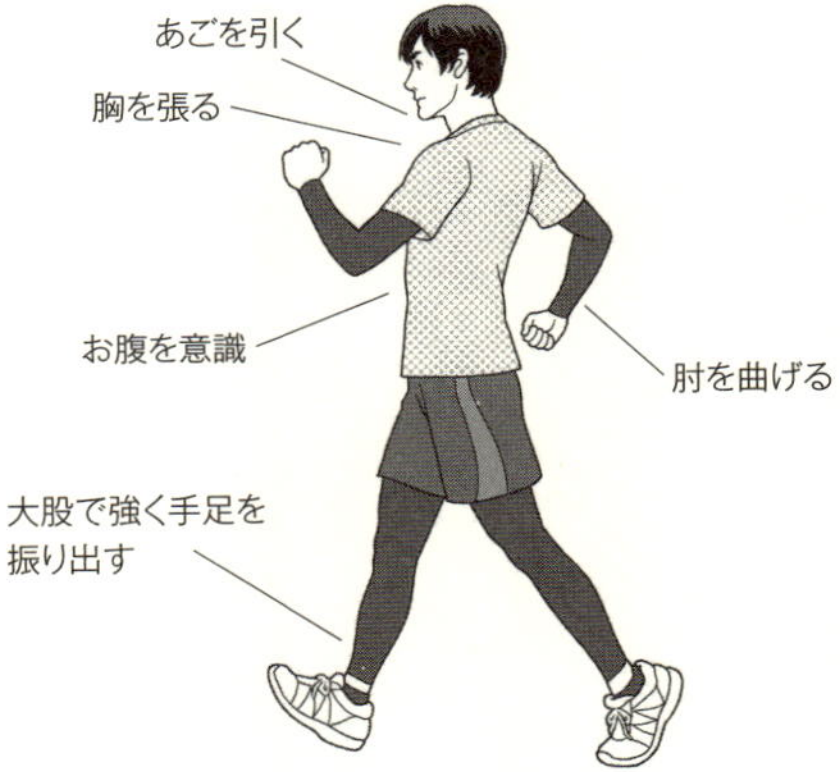

◎ジョギング姿勢のポイント

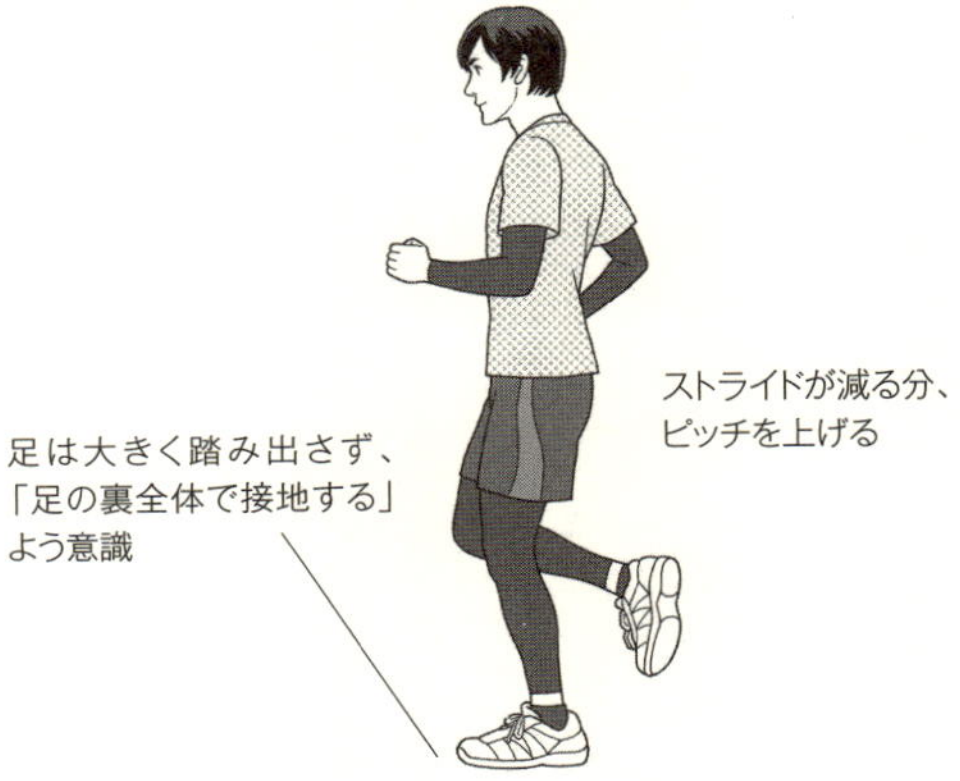

まり前に振り出さず、足の裏全体で接地するちょこまか走りをしていました。レースという戦いの場面でも、この走り方は着地でのブレーキがかかりにくいため効率がよくなると考えられるのです。近年ではこのちょこまか走りをする選手が増えています。

ここでは有酸素運動としてジョギングをはじめることをおすすめしていますが、くれぐれも無理はしないでください。２００９年の東京マラソンではタレントの松村邦洋さんが倒れる事故などもあり心配しました（幸い無事に復帰されました）。ジョギングも、無理が過ぎると心不全などを起こす可能性がないともいえません。

５分でも10分でもいいので無理なく走れる時間からはじめて、徐々に時間を延ばしていきましょう。ウォーキングとの併用でもかまいません。

第7章

オフィスで行いたい体ほぐし

脚を動かせば頭もすっきり

朝からずっと同じ姿勢でデスクに向かっていると、血行が悪くなって血液がだんだん脚のほうに落ちていきます。そうなると脳への血流が悪くなり、頭がなんとなくぼんやりとしてすっきりしない感じになることがあります。軽い脳貧血の状態です。

血液を全身に送るのは心臓ですが、逆に心臓に戻すのは全身の筋肉で行います。筋肉が力を入れたり抜いたりすることで、血管内の血液を押し出すポンプとして働いているのです。その働きから、筋肉は「第二の心臓」などとも呼ばれます。じっと座っていると、脚の筋肉のポンプ作用があまり働かないために、先に述べたような状態になってしまうのです。

真夏の朝礼で校長先生の話が長すぎると、脳貧血を起こして座り込んでしまう生徒がいますが、これも同じ現象です。じっと立ち続けて脚のポンプ作用が働かなくなる

脚をこまめに動かす

脚をこまめに動かして下肢のうっ血を予防しましょう。

ことに加え、暑さのために血管が拡張して、血液が脚にたまりやすくなるという悪条件が重なることが原因と考えられます。

デスクに向かう時間が長くなるときは、一定の時間ごとにリズミカルにかかとを上げ下げするなど、まめに脚を動かすとよいでしょう。そういう意味では、あまり行儀はよくないですが、貧乏ゆすりも効果的なのかもしれません。

なお、長時間のフライトで問題となるエコノミークラス症候群も、起こるメカニズムは同じです。機内のテレビなどで「まめに脚を動かしましょう」という案内を見たことがありませんか。

長時間にわたって脚にたまり、淀《よど》んでしまった血液が血栓をつくり、それが心臓などに詰まると、心筋梗塞などの原因になることがあります。死に至るかもしれない恐ろしい病気なので、海外旅行などで飛行機に乗る時間が長いときは十分気をつけてください。

手先の疲労を取る前腕ストレッチ

パソコンのキーボードを打ち続ける作業では、手首と指を曲げ伸ばしする前腕の筋肉群を酷使《こくし》します。ストレッチでじっくり伸ばして疲労を取っておきましょう。

前腕とは肘から手首までの部分で、ここには小さい筋肉がいくつもあります。一般に、手のひら側の筋肉には手首と指を曲げる筋肉が、手の甲側の筋肉には手首と指を

手先の疲労を取る前腕ストレッチ

手のひら側の筋
肉は指を伸ばして
手首を反らす

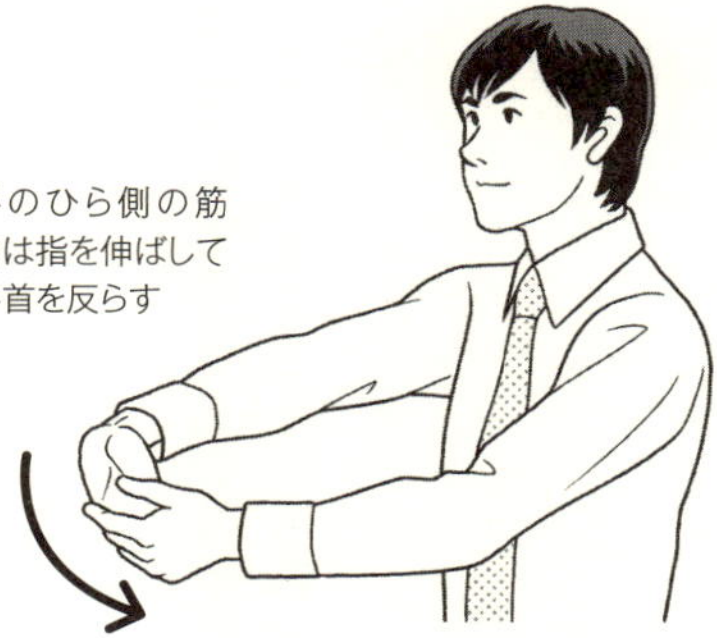

前腕の表、裏の筋肉を伸ばすストレッチ
で手先の疲れを取ります。

手の甲側の筋肉はげ
んこつをつくって手
首を曲げる

反らす筋肉があります。指を曲げ伸ばしする筋肉には、同時に手首を曲げ伸ばしする働きもあるので、その動作機能に合わせてストレッチを行います。

前腕の手のひら側の筋肉は、「指を伸ばして」手首を反らせ、ストレッチします。反対に手の甲側の筋肉は指を曲げて「げんこつをつくって」手首を曲げてストレッチします。

また手首をよく動かしたり、マッサージしたりして血液循環を促すことは疲労の軽減につながります。手首をぶらぶらと振ったり、前腕を反対の手でマッサージするのもよいケアになります。

椅子を使った背中反らし体操

腰や胸のあたりで背骨を大きく動かすと、関節から「バキッ」「ポキッ」といった音がすることがあります。音が鳴るように体を動かすと気持ちがよく、体のコリがほぐれてすっきりした感じになるので、やっているという人も多いと思います。

このとき関節でいったい何が起きているかというと、背骨を大きく動かすことで関節面の離解が起こり、関節包《かんせつほう》（関節を包んでいる袋のこと）の内圧が低下します。これによって関節包内を満たす液体（滑液《かつえき》）が気化します。ガスの発生によって関節の容積が増してゆとりができ、動く範囲が一時的に広くなります。

「バキッ」はこの気化したガスの気泡がはじける音だと考えられています。背骨を鳴らすとすっきりした感じがするのは、それによって体幹が大きく動くようになるからでしょう。

デスクワークでは前のめりの背中が丸まった状態が続くので、背骨の関節（椎間関節）が固まりがちです。椅子の背もたれを使い、背中を後ろにゆっくりと大きく「バキッ」と鳴るくらいまで反らせると、体幹が軽くなったようにすっきりするでしょう。胸の後ろあたりがよく鳴る部位だと思います。

ただ、後ろに反らすときはひっくりかえらないようによく注意してください。脚を

背中反らし体操

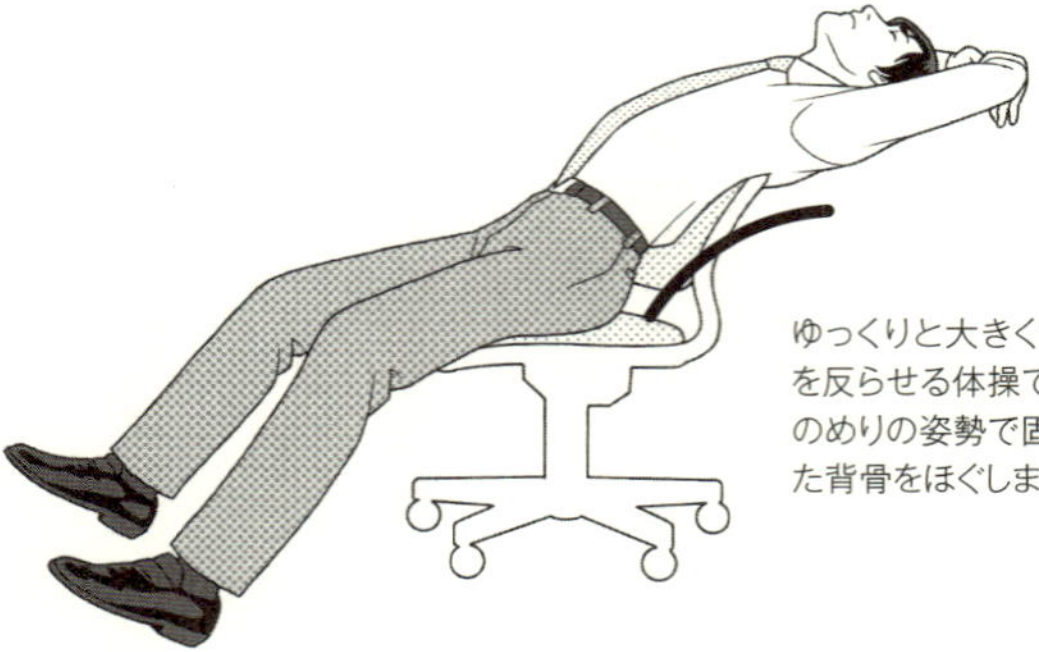

ゆっくりと大きく背中を反らせる体操で、前のめりの姿勢で固まった背骨をほぐします。

前に伸ばしておくとその分が重しになるのでひっくりかえりにくくなります。「バキッ」は気持ちがよいのですが、鳴らすことにこだわりすぎてあまり手荒には行わないように注意してください。勢いをつけたり思い切りやるのはNG。ケガにつながりかねません。ゆっくり大きく反ることで、自然に背中が鳴るくらいにとどめましょう。必ず音が鳴らなければいけないわけではありません。

椅子を使って体幹ひねり体操

「背中反らし体操」で、背骨の胸あたりを鳴らして体幹をすっきりさせる方法を紹介しましたが、ここでは腰のあたりをほぐす方法を紹介します。椅子に腰かけて体幹をゆっくりと大きくねじる方法です。

ポイントはお尻を座面にしっかりつけて、体をひねる動作についていかないようにすること。お尻が体といっしょに動いてしまっては体幹をしっかりひねることができません。

この方法も「背中反らし体操」と同様に、手荒に行わずにゆっくりとした動作でていねいに行います。バキッと音を鳴らすことにこだわって強くやりすぎないこと。音はあくまで結果として鳴ればいいくらいに思ってください。

関節が鳴るのは関節内にある液体の気化による一時的な現象ですが、これを繰り返し行っているうちに本質的に大きく動けるように変わる可能性もあります。とはいえ、鳴らし過ぎもあまりよくありません。度が過ぎれば傷害の元となります。1日2回くらいまでにしておきましょう。

体幹ひねり体操

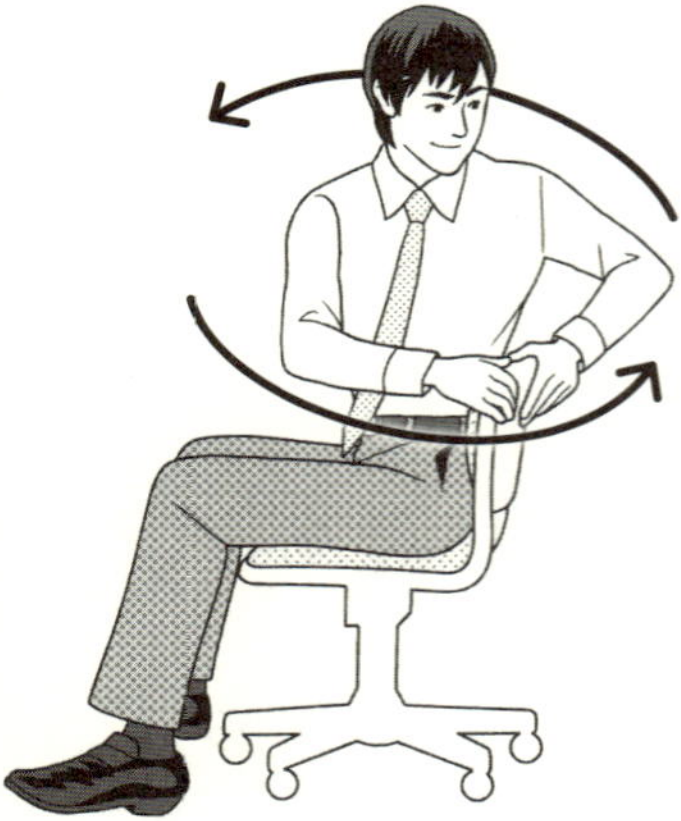

ゆっくりと腰をひねる体操で、デスクワークで固まった腰周りをほぐします。

疲労のたまる首・肩のストレッチ

多くのオフィスワーカーを悩ませる肩こり。その主な原因は前かがみの姿勢のために起こる、頭部を後ろから引っ張って支える首、肩の筋肉の慢性的な疲労と考えられます。

デスクワークでの前かがみの姿勢では首の後ろの筋肉は力を出し続ける（緊張する）ことになります。筋肉の持続的な緊張は血液循環を悪化させ、乳酸などの代謝物質を蓄積させて筋肉を慢性的に硬くこわばらせるため痛みを誘発します。このような〝こわばり〟はストレッチでじっくり伸ばして筋肉の緊張を緩和することで和らげることができます。

首の後ろから頭部を支える代表的な筋肉は、僧帽筋《そうぼうきん》という筋肉。「肩こりの筋肉」としてよく知られる首筋から肩にかけての大きな筋肉で、この筋肉の上部線維にこり、

首・肩のストレッチ

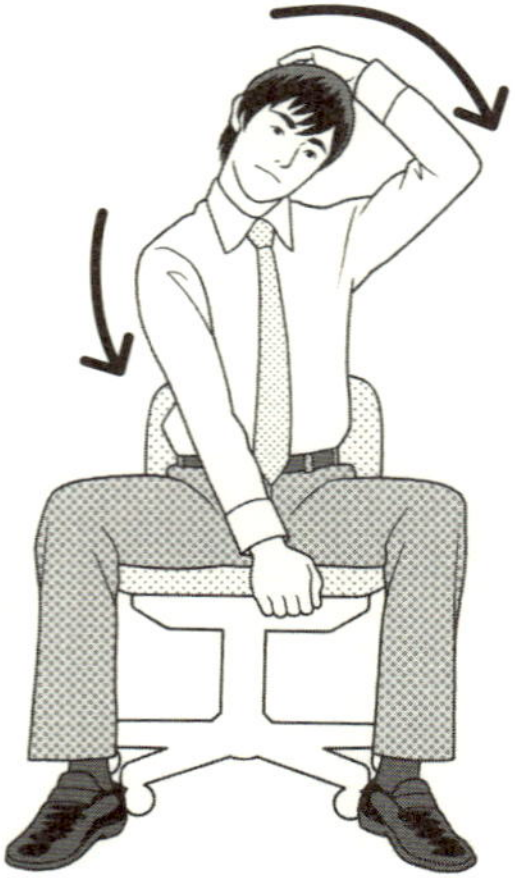

頭部を支える肩口の僧帽筋をじっくり伸ばしてほぐします。肩こりの解消に効果的です。

痛みが頻発します。ここをストレッチでじっくりと伸ばしましょう。

椅子に座り、片手で両脚の間の座面をしっかり持ちます。これで肩が固定されます。次に反対の手で頭を斜め前に倒していくと、僧帽筋の上部がよく伸びているのがわかると思います。肩、首の力を抜いて、じっくりと15秒ほど伸ばしましょう。反対側も同じように行います。

また、筋肉を動かすことも筋肉のポンプ作用で血液循環を促進するため、こわばりをほぐす効果があります。83ページで紹介した肩甲骨体操のように、肩を上下、前後させる運動や首を回す運動などもまめに行うとよいでしょう。

トイレのついでにプチ散歩

デスクワークが中心の内勤の人だと、ほぼ丸1日オフィスにこもった状態になります。体を動かす機会といえば、トイレに立つときとお昼に出るときくらいかもしれません。

そこで、トイレに立つときに1つ上の階のトイレに行ってみるとか、ついでに社内を少しぐるっと回ってみるなどの「プチ散歩」をしてはどうでしょうか？

可能ならば、席を立ったついでに3～4分、外に散歩に行くのもいいと思います。

長時間座ったまま動かないでいると、血液が下肢にたまって戻りが悪くなり、頭への血流が減ってきてしまいます。トイレに立ったついでなど、2時間に1回くらい軽く体を動かすと血行が促進されて頭もすっきりし、仕事もはかどるようになるはずです。

プチ散歩は活動量を増やすためという目的もありますが、ときどきリフレッシュすることで、バリバリ仕事をこなす頑張りも出てくるのです。仕事の能率アップのためだといえば、周りからとがめられることはないでしょう。むしろみんなを誘って、課内の慣習にしてしまってもいいかもしれませんね。

ドローイン＋姿勢矯正で崩れた姿勢をリセット

背中を丸めた姿勢で長時間座り仕事をしていると、腰椎《ようつい》に湾曲の力がかかるため腰痛の原因になります。また、背中を丸めた姿勢は首が前に出るため、重たい頭部を後ろから支える首の後ろから肩口にかけての筋肉は常に力が入った状態、緊張を強いられます。こちらは首や肩のこりを誘発します。

悪い姿勢は癖になっているので、そう簡単に直るものではありません。そこで、背すじを伸ばすだけの矯正ではなく、お腹の深部にある腹横筋を使った「ドローイン」を組み合わせた方法を紹介しましょう。

座った姿勢のままお腹をキューッと凹ませるドローインを行い、同時に胸を張ってあごを引きます。その状態で10～20秒キープします。呼吸は普通にしておきます。凹んだお腹を戻した後も、胸を張ってあごを引いた姿勢はそのままに残しておきましょう。

姿勢の崩れに気がついたら、そのつど「ドローイン＋姿勢矯正」を行って正しい姿勢にリセットしましょう。続けているうちに、今度はだんだんとよい姿勢が癖になっていきます。姿勢の矯正が不要になるところまでいければ理想ですね。

セルフ記録シート

※ 206-207ページの「行動・食事」シートには、日々の生活における自分の行動や食事の様子を記録してみましょう。

※ 208-209ページの「運動・トレーニング」シートは、「かんたん体幹・コア体操」や万歩計によって、日々の活動量がある程度上がって、さらなる運動への意欲を実感できるようになってから使いましょう。

※ 「行動・食事」シートは2日分、「運動・トレーニング」シートは1週間（7日）分のシートになっています。用途に合わせてそれぞれコピーしてお使いください。

行動・食事（1日分）

今朝の体重	kg
今朝のへそ周径囲	cm

■ かんたん体幹・コア体操

体幹動作1分体操	行った	少しだけ行った	行っていない
体幹固定1分体操	行った	少しだけ行った	行っていない
お腹凹ませ1分体操	行った	少しだけ行った	行っていない
体幹1分ストレッチ	行った	少しだけ行った	行っていない

■ 行動

万歩計総歩数	歩		
身体活動	テキパキ動けたと思う	普通	ダラダラしていたと思う
姿勢	良い姿勢を保てたと思う	普通	だらしない姿勢をしていたと思う

■ 食事

ゆっくり味わって腹八分目	できた	普通	できなかった
朝食	きちんととった	菓子パン1個程度	とらなかった
ほしくないのに食べない	できた	普通	できなかった
夜の食事	やや控えめ	普通	満腹食べた

■ 感想

※体重とへそ周径囲は起床排尿後に測りましょう。残りの項目は1日を振り返って記録しましょう
※万歩計歩数は1万歩以上を目指しましょう

行動・食事（1日分）

今朝の体重	kg
今朝のへそ周径囲	cm

■ かんたん体幹・コア体操

体幹動作1分体操	行った	少しだけ行った	行っていない
体幹固定1分体操	行った	少しだけ行った	行っていない
お腹凹ませ1分体操	行った	少しだけ行った	行っていない
体幹1分ストレッチ	行った	少しだけ行った	行っていない

■ 行動

万歩計総歩数	歩		
身体活動	テキパキ動けたと思う	普通	ダラダラしていたと思う
姿勢	良い姿勢を保てたと思う	普通	だらしない姿勢をしていたと思う

■ 食事

ゆっくり味わって腹八分目	できた	普通	できなかった
朝食	きちんととった	菓子パン1個程度	とらなかった
ほしくないのに食べない	できた	普通	できなかった
夜の食事	やや控えめ	普通	満腹食べた

■ 感想

※体重とへそ周径囲は起床排尿後に測りましょう。残りの項目は1日を振り返って記録しましょう
※万歩計歩数は1万歩以上を目指しましょう

※スロトレは同じ種目は毎日行わないこと。2〜3日に1回のペースが望ましい。

第5日目

<スロトレ>		<ながら筋トレ>		<有酸素運動>
スクワット	回×　セット	レッグレイズ、ニーリフト	した・しない	ウォーキング
腕立て	回×　セット	フィンガープル	した・しない	分
ニートゥチェスト	回×　セット	パームプレス	した・しない	ジョギング
バックエクステンション	回×　セット	ハーフスクワット	した・しない	分

第6日目

<スロトレ>		<ながら筋トレ>		<有酸素運動>
スクワット	回×　セット	レッグレイズ、ニーリフト	した・しない	ウォーキング
腕立て	回×　セット	フィンガープル	した・しない	分
ニートゥチェスト	回×　セット	パームプレス	した・しない	ジョギング
バックエクステンション	回×　セット	ハーフスクワット	した・しない	分

第7日目

<スロトレ>		<ながら筋トレ>		<有酸素運動>
スクワット	回×　セット	レッグレイズ、ニーリフト	した・しない	ウォーキング
腕立て	回×　セット	フィンガープル	した・しない	分
ニートゥチェスト	回×　セット	パームプレス	した・しない	ジョギング
バックエクステンション	回×　セット	ハーフスクワット	した・しない	分

今週の感想

□ 筋力がついて動きが軽くなるのを感じた
□ 持久力がついて階段などで息が切れにくくなった
□ 運動の実行が当たり前になってきた
□ 姿勢が良くなってきた
□ ウェスト周りがすっきりしてきた
□ 体重が少し減った
その他

運動・トレーニング（1週間分）

第1日目

<スロトレ>		<ながら筋トレ>		<有酸素運動>
スクワット	回×　セット	レッグレイズ、ニーリフト	した・しない	ウォーキング
腕立て	回×　セット	フィンガープル	した・しない	分
ニートゥチェスト	回×　セット	パームプレス	した・しない	ジョギング
バックエクステンション	回×　セット	ハーフスクワット	した・しない	分

第2日目

<スロトレ>		<ながら筋トレ>		<有酸素運動>
スクワット	回×　セット	レッグレイズ、ニーリフト	した・しない	ウォーキング
腕立て	回×　セット	フィンガープル	した・しない	分
ニートゥチェスト	回×　セット	パームプレス	した・しない	ジョギング
バックエクステンション	回×　セット	ハーフスクワット	した・しない	分

第3日目

<スロトレ>		<ながら筋トレ>		<有酸素運動>
スクワット	回×　セット	レッグレイズ、ニーリフト	した・しない	ウォーキング
腕立て	回×　セット	フィンガープル	した・しない	分
ニートゥチェスト	回×　セット	パームプレス	した・しない	ジョギング
バックエクステンション	回×　セット	ハーフスクワット	した・しない	分

第4日目

<スロトレ>		<ながら筋トレ>		<有酸素運動>
スクワット	回×　セット	レッグレイズ、ニーリフト	した・しない	ウォーキング
腕立て	回×　セット	フィンガープル	した・しない	分
ニートゥチェスト	回×　セット	パームプレス	した・しない	ジョギング
バックエクステンション	回×　セット	ハーフスクワット	した・しない	分

エピローグ

「一生もののメタボ対策」で、ロコモ対策を

この数年で「メタボリックシンドローム（通称メタボ）」という言葉が非常に大きな注目を浴びました。本書でも重要なキーワードとなっています。

けれど、中年世代が気をつけなければいけないのは、「メタボ」だけではありません。「メタボ」の先には、「ロコモティブシンドローム（略して〝ロコモ〟とも呼ばれます）」という問題が控えているからです。

ロコモティブシンドロームとは、筋力やバランス能力の低下などによって自立した生活が困難になり、要介護となる危険性の高い状態のことです。

人の筋肉は加齢とともに衰え、萎縮します。筋肉の萎縮は、体重を支える下肢の筋肉がもっとも激しく、次いで姿勢を支える腹筋群・背筋群となります。日常生活に直

結した筋肉ほど、年齢とともに衰えやすいのです。
加齢にともなって筋肉が萎縮することを「サルコペニア」と言います。サルコペニアは、ロコモの主要な原因の1つです。

本書では、「快適に動ける体の状態をつくり、普段から活動的に動けるようにする」ことで、無理なく継続できる「一生もののメタボ対策」をご提案させていただきました。活動的に体を動かして日々を過ごすことは、「生活習慣病予防のためのメタボ対策」だけでなく、その先にある「介護予防のためのロコモ対策」にもつながります。
老化は誰にでも訪れるものですが、その進行度合いはその人次第です。読者のみなさんには、「お腹の凹んだカッコいいミドルエイジ」を、さらには、いつまでも「元気で生き生きとしたハイエイジ」を目指していただきたいと願っています。

谷本道哉／石井直方

本書は、『一生メタボにならない！ お腹がやせる凹《ヘコ》トレーニング』（２０１０年５月／マイナビ刊）を改題し、文庫化したものです。

谷本道哉（たにもと みちや）

1972年、静岡県生まれ。近畿大学生物理工学部人間工学科准教授。国立健康・栄養研究所客員研究員（兼任）。大阪大学工学部卒。東京大学大学院総合文化研究科博士課程修了。博士（学術）。専門は身体運動科学、筋生理学。スポーツ・トレーニング、健康運動指導の現場に精通した研究者であることをモットーとする。著書は『スポーツ科学の教科書』（岩波書店）、『筋トレまるわかり大辞典』（ベースボール・マガジン社）など多数。また、テレビ番組ではNHKニュース「おはよう日本」の健康コーナー、NHK Eテレ「名作ホスピタル」、フジテレビ「ホンマでっか！？TV」等で健康・運動に関する解説を行っている。

石井直方（いしい なおかた）

1955年、東京都生まれ。東京大学大学院総合文化研究科教授。理学博士。専門は身体運動科学、筋生理学。日本を代表する筋生理学者として活躍。また、ボディビルダーとしても81年ボディビル世界選手権3位、82年ミスターアジア優勝など、輝かしい実績を誇る。エクササイズと筋肉の関係から、健康や老化防止等について解説。その分かりやすい理論と独自のエクササイズ法がテレビ、雑誌、新聞など多くのメディアで評価を得ている。ベストセラーとなる『一生太らない体のつくり方』（エクスナレッジ）、『スロトレ』、『体脂肪が落ちるトレーニング』（ともに高橋書店）ほか、著書多数。

マイナビ文庫

脂肪が燃える「体幹」トレーニング

2014年3月31日　初版第1刷発行

著　者　谷本道哉　石井直方
発行者　中川信行
発行所　株式会社マイナビ
〒100-0003 東京都千代田区一ツ橋1-1-1 パレスサイドビル
TEL 048-485-2383（注文専用ダイヤル）
TEL 03-6267-4477（販売）／TEL 03-6267-4403（編集）
URL http://book.mynavi.jp

ブックデザイン　米谷テツヤ（PASS）
編集・構成　クロロス（藤吉豊／柴山幸夫）
イラスト　勝山英幸
印刷・製本　図書印刷株式会社

ISBN978-4-8399-5093-4
Printed in Japan

MYNAVI BUNKO

お腹がやせる「体幹」体操

谷本道哉／石井直方 著

次から次へとブームが来ては去っていく「その時期だけ頑張る」ダイエット法とは違い、一生きれいで健康でいるために、無理なく続けられる「体幹」コンディショニング法。たったの1分間から始められる「体幹」体操と、「ながらスロトレ」を中心とした、リバウンド知らずの「本当に正しいやせ方」を紹介。

定価　本体680円＋税

MYNAVI BUNKO

ホント（常識）のウソの野球論

小野平 著

「技術を指導するうえで大切なことは、指導者の表現力だ。指導者の言葉づかいひとつで選手は変わる——」
「ガッチリいけ」「体の正面で捕れ」「ボールは上からたたけ」といった、これまでの野球理論で使われてきた常套句に異を唱えながら、野球の技術上達と、その指導方法を考えさせることを目的とした実用書。

定価　本体590円＋税